눈으로 읽고 마음으로 옮겨쓰는

신명기
[Deuteronomy]

시작한 날 : 년 월 일

끝마친 날 : 년 월 일

❖ 왼쪽면을 따라쓰실 때 반을 접어서 쓰시면 훨씬 수월합니다.

신명기

신명기의 히브리어 이름은 신 1:1에서 따온 '엘레 하데바림'으로 "이것들이 말씀이니라"라는 뜻이며 칠십인 역(LXX)에서는 '듀테로노미온'으로 "두 번째 율법 수여"라는 의미이다.

이는 신명기의 율법들이 모세를 통해 시내산에서 주어진 첫 번째 율법의 반복, 또는 재강조이기에 율법의 반복이라고 볼 수 있다.

저자

모세로 성경 자체가 증언하며(신 1:5; 31:9,24), 예수님도 신명기가 모세의 저자임을 인정하셨다.(막 10:3-4; 요 5:45-47)

기록시기 및 장소

이스라엘이 출애굽 한 후, 40년 광야 생활의 끝 부분으로 모압 평지에 이르렀을 때에 기록되었다. 출애굽의 연대를 B.C 1446년으로 생각할 때 기록 연대는 B.C 1406년 정도로 추정할 수 있다.(왕상 6:1에 솔로몬 재위 4년(B.C 966년)에 이스라엘 백성이 애굽 땅에서 나온지 480년 되던 해라고 기록하고 있다.)

966년(솔로몬 재위 4년)+480년(이스라엘 백성의 출애굽)=1446년-40년(광야생활)=1406년

기록 목적

모세가 죽음을 맞이하기 전에 하나님께서 이스라엘에게 주셨던 여러 가지 명령들을 재강조함으로 이스라엘로 하여금 하나님을 향한 경건한 신앙심을 굳건하게 하고 광야에서 출생하고 자라난 '2세대', 또는 '새로운 세대'를 재교육하기 위함이다.

신명기의 구조

모세의 3편의 설교

과거(1:1-4:43) - 이스라엘 백성의 40년 광야 생활에 대한 회상

현재(4:44-26:19) - 계명에 대한 재 강조

미래(27:1-34:12) - 미래의 선택 및 모세의 유언(축복)과 죽음

핵심어

'기억하라(들으라)' '언약(율법)' '순종하라(지켜 행하라)'

애굽에서의 구원을 기억하며 광야에서 맺었던 언약들을 들으며 하나님의 말씀에 순종하는 것만이 살길임을 강조하고 있다.

신명기

서론

1

1 이는 모세가 요단 저쪽 숩 맞은편
의 아라바 광야 곧 바란과 도벨과
라반과 하세롯과 디사합 사이에서 이
스라엘 무리에게 선포한 말씀이니라
2 호렙 산에서 세일 산을 지나 가데스
바네아까지 열 하룻길이었더라
3 마흔째 해 열한째 달 그 달 첫째 날에
모세가 이스라엘 자손에게 여호와께
서 그들을 위하여 자기에게 주신 명
령을 다 알렸으니
4 그 때는 모세가 헤스본에 거주하는
아모리 왕 시혼을 쳐죽이고 에드레
이에서 아스다롯에 거주하는 바산 왕
옥을 쳐죽인 후라
5 모세가 요단 저쪽 모압 땅에서 이 율법
을 설명하기 시작하였더라 일렀으되
6 우리 하나님 여호와께서 호렙 산에서
우리에게 말씀하여 이르시기를 너희
가 이 산에 거주한 지 오래니
7 방향을 돌려 행진하여 아모리 족속의
산지로 가고 그 근방 곳곳으로 가고
아라바와 산지와 평지와 네겝과 해변
과 가나안 족속의 땅과 레바논과 큰

1】

2】

3】

4】

5】

6】

7】

강 유브라데까지 가라
8 내가 너희의 조상 아브라함과 이삭과
야곱에게 맹세하여 그들과 그들의 후
손에게 주리라 한 땅이 너희 앞에 있
으니 들어가서 그 땅을 차지할지니라

모세가 수령을 세우다(출 18:13-17)

9 ○ 그 때에 내가 너희에게 말하여 이
르기를 나는 홀로 너희의 짐을 질 수
없도다
10 너희의 하나님 여호와께서 너희를 번
성하게 하셨으므로 너희가 오늘날 하
늘의 별 같이 많거니와
11 너희 조상의 하나님 여호와께서 너희
를 현재보다 천 배나 많게 하시며 너
희에게 허락하신 것과 같이 너희에게
복 주시기를 원하노라
12 그런즉 나 홀로 어찌 능히 너희의 괴
로운 일과 너희의 힘겨운 일과 너희
의 다투는 일을 담당할 수 있으랴
13 너희의 각 지파에서 지혜와 지식이 있
는 인정 받는 자들을 택하라 내가 그들
을 세워 너희 수령을 삼으리라 한즉
14 너희가 내게 대답하여 이르기를 당신
의 말씀대로 하는 것이 좋다 하기에
15 내가 너희 지파의 수령으로 지혜가
있고 인정 받는 자들을 취하여 너희
의 수령을 삼되 곧 각 지파를 따라 천

8】
9】
10】
11】
12】
13】
14】
15】

부장과 백부장과 오십부장과 십부장
과 조장을 삼고
16 내가 그 때에 너희의 재판장들에게
명하여 이르기를 너희가 너희의 형제
중에서 송사를 들을 때에 쌍방간에
공정히 판결할 것이며 그들 중에 있
는 타국인에게도 그리 할 것이라
17 재판은 하나님께 속한 것인즉 너희
는 재판할 때에 외모를 보지 말고 귀
천을 차별 없이 듣고 사람의 낯을 두
려워하지 말 것이며 스스로 결단하기
어려운 일이 있거든 내게로 돌리라
내가 들으리라 하였고
18 내가 너희의 행할 모든 일을 그 때에
너희에게 다 명령하였느니라

정탐할 사람을 보내다(민 13:1-33)

19 ○ 우리 하나님 여호와께서 우리에게
명령하신 대로 우리가 호렙 산을 떠
나 너희가 보았던 그 크고 두려운 광
야를 지나 아모리 족속의 산지 길로
가데스 바네아에 이른 때에
20 내가 너희에게 이르기를 우리 하나님
여호와께서 우리에게 주신 아모리 족
속의 산지에 너희가 이르렀나니
21 너희의 하나님 여호와께서 이 땅을
너희 앞에 두셨은즉 너희 조상의 하
나님 여호와께서 너희에게 이르신 대

16】

17】

18】

19】

20】

21】

년 월 일

로 올라가서 차지하라 두려워하지 말
라 주저하지 말라 한즉
22 너희가 다 내 앞으로 나아와 말하기
를 우리가 사람을 우리보다 먼저 보
내어 우리를 위하여 그 땅을 정탐하
고 어느 길로 올라가야 할 것과 어느
성읍으로 들어가야 할 것을 우리에게
알리게 하자 하기에
23 내가 그 말을 좋게 여겨 너희 중 각 지
파에서 한 사람씩 열둘을 택하매
24 그들이 돌이켜 산지에 올라 에스골
골짜기에 이르러 그 곳을 정탐하고
25 그 땅의 열매를 손에 가지고 우리에
게로 돌아와서 우리에게 말하여 이르
되 우리의 하나님 여호와께서 우리에
게 주시는 땅이 좋더라 하였느니라
26 그러나 너희가 올라가기를 원하지 아
니하고 너희의 하나님 여호와의 명령
을 거역하여
27 장막 중에서 원망하여 이르기를 여호
와께서 우리를 미워하시므로 아모리
족속의 손에 넘겨 멸하시려고 우리를
애굽 땅에서 인도하여 내셨도다
28 우리가 어디로 가랴 우리의 형제들이
우리를 낙심하게 하여 말하기를 그
백성은 우리보다 장대하며 그 성읍들
은 크고 성곽은 하늘에 닿았으며 우

22】

23】

24】

25】

26】

27】

28】

리가 또 거기서 아낙 자손을 보았노
라 하는도다 하기로
29 내가 너희에게 말하기를 그들을 무서
워하지 말라 두려워하지 말라
30 너희보다 먼저 가시는 너희의 하나님
여호와께서 애굽에서 너희를 위하여
너희 목전에서 모든 일을 행하신 것
같이 이제도 너희를 위하여 싸우실 것
이며
31 광야에서도 너희가 당하였거니와 사
람이 자기의 아들을 안는 것 같이 너
희의 하나님 여호와께서 너희가 걸어
온 길에서 너희를 안으사 이 곳까지
이르게 하셨느니라 하나
32 이 일에 너희가 너희의 하나님 여호
와를 믿지 아니하였도다
33 그는 너희보다 먼저 그 길을 가시며
장막 칠 곳을 찾으시고 밤에는 불로,
낮에는 구름으로 너희가 갈 길을 지
시하신 자이시니라

여호와께서 이스라엘을 벌하시다(민 14:20-45)

34 ○ 여호와께서 너희의 말소리를 들으
시고 노하사 맹세하여 이르시되
35 이 악한 세대 사람들 중에는 내가 그
들의 조상에게 주기로 맹세한 좋은
땅을 볼 자가 하나도 없으리라
36 오직 여분네의 아들 갈렙은 온전히

29】

30】

31】

32】

33】

34】

35】

36】

여호와께 순종하였은즉 그는 그것을
볼 것이요 그가 밟은 땅을 내가 그와
그의 자손에게 주리라 하시고
37 여호와께서 너희 때문에 내게도 진노
하사 이르시되 너도 그리로 들어가지
못하리라
38 네 앞에 서 있는 눈의 아들 여호수아
는 그리로 들어갈 것이니 너는 그를
담대하게 하라 그가 이스라엘에게 그
땅을 기업으로 차지하게 하리라
39 또 너희가 사로잡히리라 하던 너희의
아이들과 당시에 선악을 분별하지 못
하던 너희의 자녀들도 그리로 들어갈
것이라 내가 그 땅을 그들에게 주어
산업이 되게 하리라
40 너희는 방향을 돌려 홍해 길을 따라
광야로 들어갈지니라 하시매
41 너희가 대답하여 내게 이르기를 우리
가 여호와께 범죄하였사오니 우리 하
나님께서 우리에게 명령하신 대로 우
리가 올라가서 싸우리이다 하고 너희
가 각각 무기를 가지고 경솔히 산지
로 올라가려 할 때에
42 여호와께서 내게 이르시되 너는 그들
에게 이르기를 너희는 올라가지 말라
싸우지도 말라 내가 너희 중에 있지
아니하니 너희가 대적에게 패할까 하

37】

38】

39】

40】

41】

42】

노라 하시기로

43 내가 너희에게 말하였으나 너희가 듣
지 아니하고 여호와의 명령을 거역하
고 거리낌 없이 산지로 올라가매
44 그 산지에 거주하는 아모리 족속이
너희에게 마주 나와 벌 떼 같이 너희
를 쫓아 세일 산에서 쳐서 호르마까
지 이른지라
45 너희가 돌아와 여호와 앞에서 통곡
하나 여호와께서 너희의 소리를 듣지
아니하시며 너희에게 귀를 기울이지
아니하셨으므로
46 너희가 가데스에 여러 날 동안 머물
렀나니 곧 너희가 그 곳에 머물던 날
수대로니라

43】

44】

45】

46】

이스라엘이 광야에서 보낸 해

2 1 우리가 방향을 돌려 여호와께서
내게 명령하신 대로 홍해 길로 광
야에 들어가서 여러 날 동안 세일 산
을 두루 다녔더니
2 여호와께서 내게 말씀하여 이르시되
3 너희가 이 산을 두루 다닌 지 오래니
돌이켜 북으로 나아가라
4 너는 또 백성에게 명령하여 이르기를
너희는 세일에 거주하는 너희 동족
에서의 자손이 사는 지역으로 지날진

1】

2】

3】

4】

대 그들이 너희를 두려워하리니 너희
는 스스로 깊이 삼가고
5 그들과 다투지 말라 그들의 땅은 한
발자국도 너희에게 주지 아니하리니
이는 내가 세일 산을 에서에게 기업
으로 주었음이라
6 너희는 돈으로 그들에게서 양식을 사
서 먹고 돈으로 그들에게서 물을 사
서 마시라
7 네 하나님 여호와께서 네가 하는 모
든 일에 네게 복을 주시고 네가 이 큰
광야에 두루 다님을 알고 네 하나님
여호와께서 이 사십 년 동안을 너와
함께 하셨으므로 네게 부족함이 없었
느니라 하시기로
8 우리가 세일 산에 거주하는 우리 동
족 에서의 자손을 떠나서 아라바를 지
나며 엘랏과 에시온 게벨 곁으로 지
나 행진하고 돌이켜 모압 광야 길로
지날 때에
9 여호와께서 내게 이르시되 모압을 괴
롭히지 말라 그와 싸우지도 말라 그
땅을 내가 네게 기업으로 주지 아니
하리니 이는 내가 롯 자손에게 아르
를 기업으로 주었음이라
10 (이전에는 에밈 사람이 거기 거주하
였는데 아낙 족속 같이 강하고 많고

5】

6】

7】

8】

9】

10】

키가 크므로
11 그들을 아낙 족속과 같이 르바임이라
불렀으나 모압 사람은 그들을 에밈이
라 불렀으며
12 호리 사람도 세일에 거주하였는데 에
서의 자손이 그들을 멸하고 그 땅에
거주하였으니 이스라엘이 여호와께
서 주신 기업의 땅에서 행한 것과 같
았느니라)
13 이제 너희는 일어나서 세렛 시내를
건너가라 하시기로 우리가 세렛 시내
를 건넜으니
14 가데스 바네아에서 떠나 세렛 시내를
건너기까지 삼십팔 년 동안이라 이
때에는 그 시대의 모든 군인들이 여
호와께서 그들에게 맹세하신 대로 진
영 중에서 다 멸망하였나니
15 여호와께서 손으로 그들을 치사 진영
중에서 멸하신 고로 마침내는 다 멸
망되었느니라
16 ○ 모든 군인이 사망하여 백성 중에
서 멸망한 후에
17 여호와께서 내게 말씀하여 이르시되
18 네가 오늘 모압 변경 아르를 지나리니
19 암몬 족속에게 가까이 이르거든 그들
을 괴롭히지 말고 그들과 다투지도 말
라 암몬 족속의 땅은 내가 네게 기업

11】

12】

13】

14】

15】

16】

17】

18】

19】

년 월 일

으로 주지 아니하리니 이는 내가 그것
을 롯 자손에게 기업으로 주었음이라
20 (이곳도 르바임의 땅이라 하였나니
전에 르바임이 거기 거주하였음이요
암몬 족속은 그들을 삼숨밈이라 일컬
었으며
21 그 백성은 아낙 족속과 같이 강하고
많고 키가 컸으나 여호와께서 암몬
족속 앞에서 그들을 멸하셨으므로 암
몬 족속이 대신하여 그 땅에 거주하
였으니
22 마치 세일에 거주한 에서 자손 앞에
호리 사람을 멸하심과 같으니 그들이
호리 사람을 쫓아내고 대신하여 오늘
까지 거기에 거주하였으며
23 또 갑돌에서 나온 갑돌 사람이 가사
까지 각 촌에 거주하는 아위 사람을
멸하고 그들을 대신하여 거기에 거주
하였느니라)
24 너희는 일어나 행진하여 아르논 골짜
기를 건너라 내가 헤스본 왕 아모리
사람 시혼과 그의 땅을 네 손에 넘겼
은즉 이제 더불어 싸워서 그 땅을 차
지하라
25 오늘부터 내가 천하 만민이 너를 무
서워하며 너를 두려워하게 하리니 그
들이 네 명성을 듣고 떨며 너로 말미

20】

21】

22】

23】

24】

25】

암아 근심하리라 하셨느니라

이스라엘이 헤스본 왕 시혼을 치다(민 21:21-30)

26 ○ 내가 그데못 광야에서 헤스본 왕
시혼에게 사자를 보내어 평화의 말로
이르기를
27 나를 네 땅으로 통과하게 하라 내가
큰길로만 행하고 좌로나 우로나 치우
치지 아니하리라
28 너는 돈을 받고 양식을 팔아 내가 먹
게 하고 돈을 받고 물을 주어 내가 마
시게 하라 나는 걸어서 지날 뿐인즉
29 세일에 거주하는 에서 자손과 아르에
거주하는 모압 사람이 내게 행한 것
같이 하라 그리하면 내가 요단을 건
너서 우리 하나님 여호와께서 우리에
게 주시는 땅에 이르리라 하였으나
30 헤스본 왕 시혼이 우리가 통과하기를
허락하지 아니하였으니 이는 네 하나
님 여호와께서 그를 네 손에 넘기시
려고 그의 성품을 완강하게 하셨고
그의 마음을 완고하게 하셨음이 오늘
날과 같으니라
31 그 때에 여호와께서 내게 이르시되
내가 이제 시혼과 그의 땅을 네게 넘
기노니 너는 이제부터 그의 땅을 차
지하여 기업으로 삼으라 하시더니
32 시혼이 그의 모든 백성을 거느리고

26】

27】

28】

29】

30】

31】

32】

나와서 우리를 대적하여 야하스에서
싸울 때에
33 우리 하나님 여호와께서 그를 우리에
게 넘기시매 우리가 그와 그의 아들
들과 그의 모든 백성을 쳤고
34 그 때에 우리가 그의 모든 성읍을 점
령하고 그의 각 성읍을 그 남녀와 유
아와 함께 하나도 남기지 아니하고
진멸하였고
35 다만 그 가축과 성읍에서 탈취한 것
은 우리의 소유로 삼았으며
36 우리 하나님 여호와께서 그 모든 땅
을 우리에게 넘겨주심으로 아르논 골
짜기 가장자리에 있는 아로엘과 골짜
기 가운데에 있는 성읍으로부터 길르
앗까지 우리가 모든 높은 성읍을 점
령하지 못한 것이 하나도 없었으나
37 오직 암몬 족속의 땅 얍복 강 가와 산
지에 있는 성읍들과 우리 하나님 여호
와께서 우리가 가기를 금하신 모든 곳
은 네가 가까이 하지 못하였느니라

33】

34】

35】

36】

37】

이스라엘이 바산 왕 옥을 치다(민 21:21-35)

3 1 우리가 돌이켜 바산으로 올라가
매 바산 왕 옥이 그의 모든 백성을
거느리고 나와서 우리를 대적하여 에
드레이에서 싸우고자 하는지라

1】

2 여호와께서 내게 이르시되 그를 두려
워하지 말라 내가 그와 그의 모든 백
성과 그의 땅을 네 손에 넘겼으니 네
가 헤스본에 거주하던 아모리 족속의
왕 시혼에게 행한 것과 같이 그에게도
행할 것이니라 하시고
3 우리 하나님 여호와께서 바산 왕 옥과
그의 모든 백성을 우리 손에 넘기시매
우리가 그들을 쳐서 한 사람도 남기지
아니하였느니라
4 그 때에 우리가 그들에게서 빼앗지 아
니한 성읍이 하나도 없이 다 빼앗았
는데 그 성읍이 육십이니 곧 아르곱
온 지방이요 바산에 있는 옥의 나라
이니라
5 그 모든 성읍이 높은 성벽으로 둘려 있
고 문과 빗장이 있어 견고하며 그 외에
성벽 없는 고을이 심히 많았느니라
6 우리가 헤스본 왕 시혼에게 행한 것
과 같이 그 성읍들을 멸망시키되 각
성읍의 남녀와 유아를 멸망시켰으나
7 다만 모든 가축과 그 성읍들에서 탈
취한 것은 우리의 소유로 삼았으며
8 그 때에 우리가 요단 강 이쪽 땅을 아
르논 골짜기에서부터 헤르몬 산에까
지 아모리 족속의 두 왕에게서 빼앗
았으니

2】

3】

4】

5】

6】

7】

8】

9 (헤르몬 산을 시돈 사람은 시룐이라
부르고 아모리 족속은 스닐이라 불렀
느니라)
10 우리가 빼앗은 것은 평원의 모든 성
읍과 길르앗 온 땅과 바산의 온 땅 곧
옥의 나라 바산의 성읍 살르가와 에
드레이까지이니라
11 (르바임 족속의 남은 자는 바산 왕 옥
뿐이었으며 그의 침상은 철 침상이라
아직도 암몬 족속의 랍바에 있지 아
니하냐 그것을 사람의 보통 규빗으로
재면 그 길이가 아홉 규빗이요 너비
가 네 규빗이니라)

요단 강 동쪽에 자리잡은 지파들(민 32:1-42)

12 ○ 그 때에 우리가 이 땅을 얻으매 아
르논 골짜기 곁의 아로엘에서부터 길
르앗 산지 절반과 그 성읍들을 내가
르우벤 자손과 갓 자손에게 주었고
13 길르앗의 남은 땅과 옥의 나라였던
아르곱 온 지방 곧 온 바산으로는 내
가 므낫세 반 지파에게 주었노라 (바
산을 옛적에는 르바임의 땅이라 부르
더니
14 므낫세의 아들 야일이 그술 족속과
마아갓 족속의 경계까지의 아르곱 온
지방을 점령하고 자기의 이름으로 이
바산을 오늘날까지 하봇야일이라 불

9】

10】

11】

12】

13】

14】

러오느니라)
15 내가 마길에게 길르앗을 주었고
16 르우벤 자손과 갓 자손에게는 길르앗
에서부터 아르논 골짜기까지 주었으
되 그 골짜기의 중앙으로 지역을 정하
였으니 곧 암몬 자손의 지역 얍복 강
까지며
17 또는 아라바와 요단과 그 지역이요
긴네렛에서 아라바 바다 곧 염해와
비스가 산기슭에 이르기까지의 동쪽
지역이니라
18 ○ 그 때에 내가 너희에게 명령하여
이르기를 너희의 하나님 여호와께서
이 땅을 너희에게 주어 기업이 되게
하셨은즉 너희의 군인들은 무장하고
너희의 형제 이스라엘 자손의 선봉이
되어 건너가되
19 너희에게 가축이 많은 줄 내가 아노
니 너희의 처자와 가축은 내가 너희
에게 준 성읍에 머무르게 하라
20 여호와께서 너희에게 주신 것 같이
너희의 형제에게도 안식을 주시리니
그들도 요단 저쪽에서 너희의 하나님
여호와께서 그들에게 주시는 땅을 받
아 기업을 삼기에 이르거든 너희는
각기 내가 준 기업으로 돌아갈 것이
니라 하고

15】

16】

17】

18】

19】

20】

21 그 때에 내가 여호수아에게 명령하여
이르기를 너희의 하나님 여호와께서
이 두 왕에게 행하신 모든 일을 네 눈
으로 보았거니와 네가 가는 모든 나
라에도 여호와께서 이와 같이 행하시
리니
22 너희는 그들을 두려워하지 말라 너
희의 하나님 여호와께서 친히 너희를
위하여 싸우시리라 하였노라

모세가 요단을 건너지 못하다

23 ○ 그 때에 내가 여호와께 간구하기를
24 주 여호와여 주께서 주의 크심과 주의
권능을 주의 종에게 나타내시기를 시
작하셨사오니 천지간에 어떤 신이 능
히 주께서 행하신 일 곧 주의 큰 능력
으로 행하신 일 같이 행할 수 있으리
이까
25 구하옵나니 나를 건너가게 하사 요단
저쪽에 있는 아름다운 땅, 아름다운
산과 레바논을 보게 하옵소서 하되
26 여호와께서 너희 때문에 내게 진노하
사 내 말을 듣지 아니하시고 내게 이
르시기를 그만해도 족하니 이 일로
다시 내게 말하지 말라
27 너는 비스가 산 꼭대기에 올라가서
눈을 들어 동서남북을 바라고 네 눈
으로 그 땅을 바라보라 너는 이 요단

21】

22】

23】

24】

25】

26】

27】

을 건너지 못할 것임이니라
28 너는 여호수아에게 명령하고 그를 담
대하게 하며 그를 강하게 하라 그는
이 백성을 거느리고 건너가서 네가 볼
땅을 그들이 기업으로 얻게 하리라 하
셨느니라
29 그 때에 우리가 벳브올 맞은편 골짜
기에 거주하였느니라

28】

29】

지켜야 할 하나님의 규례들

4
1 이스라엘아 이제 내가 너희에게 가
르치는 규례와 법도를 듣고 준행
하라 그리하면 너희가 살 것이요 너
희 조상의 하나님 여호와께서 너희에
게 주시는 땅에 들어가서 그것을 얻
게 되리라
2 내가 너희에게 명령하는 말을 너희는
가감하지 말고 내가 너희에게 내리
는 너희 하나님 여호와의 명령을 지
키라
3 여호와께서 바알브올의 일로 말미암
아 행하신 바를 너희가 눈으로 보았
거니와 바알브올을 따른 모든 사람을
너희의 하나님 여호와께서 너희 가운
데에서 멸망시키셨으되
4 오직 너희의 하나님 여호와께 붙어
떠나지 않은 너희는 오늘까지 다 생

1】

2】

3】

4】

존하였느니라
5 내가 나의 하나님 여호와께서 명령하
신 대로 규례와 법도를 너희에게 가
르쳤나니 이는 너희가 들어가서 기업
으로 차지할 땅에서 그대로 행하게
하려 함인즉
6 너희는 지켜 행하라 이것이 여러 민족
앞에서 너희의 지혜요 너희의 지식이
라 그들이 이 모든 규례를 듣고 이르
기를 이 큰 나라 사람은 과연 지혜와
지식이 있는 백성이로다 하리라
7 우리 하나님 여호와께서 우리가 그
에게 기도할 때마다 우리에게 가까이
하심과 같이 그 신이 가까이 함을 얻
은 큰 나라가 어디 있느냐
8 오늘 내가 너희에게 선포하는 이 율
법과 같이 그 규례와 법도가 공의로
운 큰 나라가 어디 있느냐
9 ○ 오직 너는 스스로 삼가며 네 마음
을 힘써 지키라 그리하여 네가 눈으
로 본 그 일을 잊어버리지 말라 네가
생존하는 날 동안에 그 일들이 네 마
음에서 떠나지 않도록 조심하라 너는
그 일들을 네 아들들과 네 손자들에
게 알게 하라
10 네가 호렙 산에서 네 하나님 여호와
앞에 섰던 날에 여호와께서 내게 이

5】

6】

7】

8】

9】

10】

르시기를 나에게 백성을 모으라 내
가 그들에게 내 말을 들려주어 그들
이 세상에 사는 날 동안 나를 경외함
을 배우게 하며 그 자녀에게 가르치
게 하리라 하시매
11 너희가 가까이 나아와서 산 아래에 서
니 그 산에 불이 붙어 불길이 충천하
고 어둠과 구름과 흑암이 덮였는데
12 여호와께서 불길 중에서 너희에게 말씀
하시되 음성뿐이므로 너희가 그 말소리
만 듣고 형상은 보지 못하였느니라
13 여호와께서 그의 언약을 너희에게 반
포하시고 너희에게 지키라 명령하셨
으니 곧 십계명이며 두 돌판에 친히
쓰신 것이라
14 그 때에 여호와께서 내게 명령하사 너
희에게 규례와 법도를 교훈하게 하셨
나니 이는 너희가 거기로 건너가 받
을 땅에서 행하게 하려 하심이니라

우상을 만들어 섬기지 말라

15 ○ 여호와께서 호렙 산 불길 중에서
너희에게 말씀하시던 날에 너희가 어
떤 형상도 보지 못하였은즉 너희는
깊이 삼가라
16 그리하여 스스로 부패하여 자기를 위
해 어떤 형상대로든지 우상을 새겨
만들지 말라 남자의 형상이든지, 여

11】

12】

13】

14】

15】

16】

자의 형상이든지,
17 땅 위에 있는 어떤 짐승의 형상이든
지, 하늘을 나는 날개 가진 어떤 새의
형상이든지,
18 땅 위에 기는 어떤 곤충의 형상이든
지, 땅 아래 물 속에 있는 어떤 어족의
형상이든지 만들지 말라
19 또 그리하여 네가 하늘을 향하여 눈
을 들어 해와 달과 별들, 하늘 위의 모
든 천체 곧 너희의 하나님 여호와께
서 천하 만민을 위하여 배정하신 것
을 보고 미혹하여 그것에 경배하며
섬기지 말라
20 여호와께서 너희를 택하시고 너희를
쇠 풀무불 곧 애굽에서 인도하여 내
사 자기 기업의 백성을 삼으신 것이
오늘과 같아도
21 여호와께서 너희로 말미암아 내게 진
노하사 내게 요단을 건너지 못하며
네 하나님 여호와께서 네게 기업으로
주신 그 아름다운 땅에 들어가지 못
하게 하리라고 맹세하셨은즉
22 나는 이 땅에서 죽고 요단을 건너지
못하려니와 너희는 건너가서 그 아름
다운 땅을 얻으리니
23 너희는 스스로 삼가 너희의 하나님 여
호와께서 너희와 세우신 언약을 잊지

17】

18】

19】

20】

21】

22】

23】

말고 네 하나님 여호와께서 금하신 어
떤 형상의 우상도 조각하지 말라
24 네 하나님 여호와는 소멸하는 불이시
요 질투하시는 하나님이시니라
25 ○ 네가 그 땅에서 아들을 낳고 손자
를 얻으며 오래 살 때에 만일 스스로
부패하여 무슨 형상의 우상이든지 조
각하여 네 하나님 여호와 앞에 악을
행함으로 그의 노를 일으키면
26 내가 오늘 천지를 불러 증거를 삼노
니 너희가 요단을 건너가서 얻는 땅
에서 속히 망할 것이라 너희가 거기
서 너희의 날이 길지 못하고 전멸될
것이니라
27 여호와께서 너희를 여러 민족 중에
흩으실 것이요 여호와께서 너희를 쫓
아 보내실 그 여러 민족 중에 너희의
남은 수가 많지 못할 것이며
28 너희는 거기서 사람의 손으로 만든
바 보지도 못하며 듣지도 못하며 먹
지도 못하며 냄새도 맡지 못하는 목
석의 신들을 섬기리라
29 그러나 네가 거기서 네 하나님 여호
와를 찾게 되리니 만일 마음을 다하고
뜻을 다하여 그를 찾으면 만나리라
30 이 모든 일이 네게 임하여 환난을 당
하다가 끝날에 네가 네 하나님 여호

24】

25】

26】

27】

28】

29】

30】

와께로 돌아와서 그의 말씀을 청종하
리니
31 네 하나님 여호와는 자비하신 하나님
이심이라 그가 너를 버리지 아니하시
며 너를 멸하지 아니하시며 네 조상
들에게 맹세하신 언약을 잊지 아니하
시리라
32 ○ 네가 있기 전 하나님이 사람을 세
상에 창조하신 날부터 지금까지 지나
간 날을 상고하여 보라 하늘 이 끝에
서 저 끝까지 이런 큰 일이 있었느냐
이런 일을 들은 적이 있었느냐
33 어떤 국민이 불 가운데에서 말씀하시
는 하나님의 음성을 너처럼 듣고 생
존하였느냐
34 어떤 신이 와서 시험과 이적과 기사
와 전쟁과 강한 손과 편 팔과 크게 두
려운 일로 한 민족을 다른 민족에게
서 인도하여 낸 일이 있느냐 이는 다
너희의 하나님 여호와께서 애굽에서
너희를 위하여 너희의 목전에서 행하
신 일이라
35 이것을 네게 나타내심은 여호와는 하
나님이시요 그 외에는 다른 신이 없
음을 네게 알게 하려 하심이니라
36 여호와께서 너를 교훈하시려고 하늘
에서부터 그의 음성을 네게 듣게 하

31】

32】

33】

34】

35】

36】

시며 땅에서는 그의 큰 불을 네게 보
이시고 네가 불 가운데서 나오는 그
의 말씀을 듣게 하셨느니라
37 여호와께서 네 조상들을 사랑하신 고
로 그 후손인 너를 택하시고 큰 권능
으로 친히 인도하여 애굽에서 나오게
하시며
38 너보다 강대한 여러 민족을 네 앞에
서 쫓아내고 너를 그들의 땅으로 인
도하여 들여서 그것을 네게 기업으로
주려 하심이 오늘과 같으니라
39 그런즉 너는 오늘 위로 하늘에나 아
래로 땅에 오직 여호와는 하나님이
시요 다른 신이 없는 줄을 알아 명
심하고
40 오늘 내가 네게 명령하는 여호와의
규례와 명령을 지키라 너와 네 후손
이 복을 받아 네 하나님 여호와께서
네게 주시는 땅에서 한 없이 오래 살
리라

요단 강 동쪽의 도피성

41 ○ 그 때에 모세가 요단 이쪽 해 돋는
쪽에서 세 성읍을 구별하였으니
42 이는 과거에 원한이 없이 부지중에
살인한 자가 그 곳으로 도피하게 하
기 위함이며 그 중 한 성읍으로 도피
한 자가 그의 생명을 보전하게 하기

37】

38】

39】

40】

41】

42】

위함이라
43 하나는 광야 평원에 있는 베셀이라
르우벤 지파를 위한 것이요 하나는
길르앗 라못이라 갓 지파를 위한 것
이요 하나는 바산 골란이라 므낫세
지파를 위한 것이었더라

모세가 선포한 율법

44 ○ 모세가 이스라엘 자손에게 선포한
율법은 이러하니라
45 이스라엘 자손이 애굽에서 나온 후에
모세가 증언과 규례와 법도를 선포하
였으니
46 요단 동쪽 벳브올 맞은편 골짜기에서
그리하였더라 이 땅은 헤스본에 사는
아모리 족속의 왕 시혼에게 속하였더
니 모세와 이스라엘 자손이 애굽에서
나온 후에 그를 쳐서 멸하고
47 그 땅을 기업으로 얻었고 또 바산 왕
옥의 땅을 얻었으니 그 두 사람은 아
모리 족속의 왕으로서 요단 이쪽 해
돋는 쪽에 살았으며
48 그 얻은 땅은 아르논 골짜기 가장자
리의 아로엘에서부터 시온 산 곧 헤
르몬 산까지요
49 요단 이쪽 곧 그 동쪽 온 아라바니 비
스가 기슭 아래 아라바의 바다까지이
니라

43】

44】

45】

46】

47】

48】

49】

십계명(출 20:1-17)

5

1 모세가 온 이스라엘을 불러 그들
에게 이르되 이스라엘아 오늘 내가
너희의 귀에 말하는 규례와 법도를
듣고 그것을 배우며 지켜 행하라
2 우리 하나님 여호와께서 호렙 산에서
우리와 언약을 세우셨나니
3 이 언약은 여호와께서 우리 조상들과
세우신 것이 아니요 오늘 여기 살아
있는 우리 곧 우리와 세우신 것이라
4 여호와께서 산 위 불 가운데에서 너
희와 대면하여 말씀하시매
5 그 때에 너희가 불을 두려워하여 산에
오르지 못하므로 내가 여호와와 너희
중간에 서서 여호와의 말씀을 너희에
게 전하였노라 여호와께서 이르시되
6 나는 너를 애굽 땅, 종 되었던 집에서
인도하여 낸 네 하나님 여호와라
7 ○ 나 외에는 다른 신들을 네게 두지
말지니라
8 ○ 너는 자기를 위하여 새긴 우상을
만들지 말고 위로 하늘에 있는 것이
나 아래로 땅에 있는 것이나 땅밑 물
속에 있는 것의 어떤 형상도 만들지
말며
9 그것들에게 절하지 말며 그것들을 섬
기지 말라 나 네 하나님 여호와는 질

1】

2】

3】

4】

5】

6】

7】

8】

9】

투하는 하나님인즉 나를 미워하는 자
의 죄를 갚되 아버지로부터 아들에게
로 삼사 대까지 이르게 하거니와
10 나를 사랑하고 내 계명을 지키는 자에
게는 천 대까지 은혜를 베푸느니라
11 ○ 너는 네 하나님 여호와의 이름을
망령되이 일컫지 말라 나 여호와는
내 이름을 망령되이 일컫는 자를 죄
없는 줄로 인정하지 아니하리라
12 ○ 네 하나님 여호와가 네게 명령한
대로 안식일을 지켜 거룩하게 하라
13 엿새 동안은 힘써 네 모든 일을 행할
것이나
14 일곱째 날은 네 하나님 여호와의 안
식일인즉 너나 네 아들이나 네 딸이
나 네 남종이나 네 여종이나 네 소나
네 나귀나 네 모든 가축이나 네 문 안
에 유하는 객이라도 아무 일도 하지
못하게 하고 네 남종이나 네 여종에
게 너 같이 안식하게 할지니라
15 너는 기억하라 네가 애굽 땅에서 종
이 되었더니 네 하나님 여호와가 강
한 손과 편 팔로 거기서 너를 인도하
여 내었나니 그러므로 네 하나님 여
호와가 네게 명령하여 안식일을 지키
라 하느니라
16 ○ 너는 네 하나님 여호와께서 명령

10】

11】

12】

13】

14】

15】

16】

한 대로 네 부모를 공경하라 그리하
면 네 하나님 여호와가 네게 준 땅에
서 네 생명이 길고 복을 누리리라
17 ○ 살인하지 말지니라 17】
18 ○ 간음하지 말지니라 18】
19 ○ 도둑질 하지 말지니라 19】
20 ○ 네 이웃에 대하여 거짓 증거하지 20】
말지니라
21 ○ 네 이웃의 아내를 탐내지 말지니 21】
라 네 이웃의 집이나 그의 밭이나 그
의 남종이나 그의 여종이나 그의 소
나 그의 나귀나 네 이웃의 모든 소유
를 탐내지 말지니라

여호와의 음성 듣기를 두려워하다(출 20:18-21)

22 ○ 여호와께서 이 모든 말씀을 산 위 22】
불 가운데, 구름 가운데, 흑암 가운데
에서 큰 음성으로 너희 총회에 이르신
후에 더 말씀하지 아니하시고 그것을
두 돌판에 써서 내게 주셨느니라
23 산이 불에 타며 캄캄한 가운데에서 나 23】
오는 그 소리를 너희가 듣고 너희 지
파의 수령과 장로들이 내게 나아와
24 말하되 우리 하나님 여호와께서 그의 24】
영광과 위엄을 우리에게 보이시매 불
가운데에서 나오는 음성을 우리가 들
었고 하나님이 사람과 말씀하시되 그
사람이 생존하는 것을 오늘 우리가

보았나이다
25 이제 우리가 죽을 까닭이 무엇이니이
까 이 큰 불이 우리를 삼킬 것이요 만
일 우리가 우리 하나님 여호와의 음
성을 다시 들으면 죽을 것이라
26 육신을 가진 자로서 우리처럼 살아
계시는 하나님의 음성이 불 가운데에
서 발함을 듣고 생존한 자가 누구니
이까
27 당신은 가까이 나아가서 우리 하나님
여호와께서 하시는 말씀을 다 듣고 우
리 하나님 여호와께서 당신에게 이르
시는 것을 다 우리에게 전하소서 우리
가 듣고 행하겠나이다 하였느니라
28 ○ 여호와께서 너희가 내게 말할 때
에 너희가 말하는 소리를 들으신지라
여호와께서 내게 이르시되 이 백성이
네게 말하는 그 말소리를 내가 들은
즉 그 말이 다 옳도다
29 다만 그들이 항상 이같은 마음을 품
어 나를 경외하며 내 모든 명령을 지
켜서 그들과 그 자손이 영원히 복 받
기를 원하노라
30 가서 그들에게 각기 장막으로 돌아가
라 이르고
31 너는 여기 내 곁에 서 있으라 내가 모
든 명령과 규례와 법도를 네게 이르리

25】

26】

27】

28】

29】

30】

31】

니 너는 그것을 그들에게 가르쳐서 내
가 그들에게 기업으로 주는 땅에서 그
들에게 이것을 행하게 하라 하셨나니
32 그런즉 너희 하나님 여호와께서 너희
에게 명령하신 대로 너희는 삼가 행
하여 좌로나 우로나 치우치지 말고
33 너희 하나님 여호와께서 너희에게 명
령하신 모든 도를 행하라 그리하면 너
희가 살 것이요 복이 너희에게 있을
것이며 너희가 차지한 땅에서 너희의
날이 길리라

32】

33】

여호와의 명령과 규례와 법도

6 1 이는 곧 너희의 하나님 여호와께
서 너희에게 가르치라고 명하신
명령과 규례와 법도라 너희가 건너가
서 차지할 땅에서 행할 것이니
2 곧 너와 네 아들과 네 손자들이 평생
에 네 하나님 여호와를 경외하며 내
가 너희에게 명한 그 모든 규례와 명
령을 지키게 하기 위한 것이며 또 네
날을 장구하게 하기 위한 것이라
3 이스라엘아 듣고 삼가 그것을 행하라
그리하면 네가 복을 받고 네 조상들
의 하나님 여호와께서 네게 허락하심
같이 젖과 꿀이 흐르는 땅에서 네가
크게 번성하리라

1】

2】

3】

년 월 일

4 ○ 이스라엘아 들으라 우리 하나님
여호와는 오직 유일한 여호와이시니
5 너는 마음을 다하고 뜻을 다하고 힘을
다하여 네 하나님 여호와를 사랑하라
6 오늘 내가 네게 명하는 이 말씀을 너
는 마음에 새기고
7 네 자녀에게 부지런히 가르치며 집에
앉았을 때에든지 길을 갈 때에든지
누워 있을 때에든지 일어날 때에든지
이 말씀을 강론할 것이며
8 너는 또 그것을 네 손목에 매어 기호
를 삼으며 네 미간에 붙여 표로 삼고
9 또 네 집 문설주와 바깥 문에 기록할
지니라

불순종에 대한 경고

10 ○ 네 하나님 여호와께서 네 조상 아
브라함과 이삭과 야곱을 향하여 네게
주리라 맹세하신 땅으로 너를 들어가
게 하시고 네가 건축하지 아니한 크
고 아름다운 성읍을 얻게 하시며
11 네가 채우지 아니한 아름다운 물건이
가득한 집을 얻게 하시며 네가 파지
아니한 우물을 차지하게 하시며 네가
심지 아니한 포도원과 감람나무를 차
지하게 하사 네게 배불리 먹게 하실
때에
12 너는 조심하여 너를 애굽 땅 종 되었

4】

5】

6】

7】

8】

9】

10】

11】

12】

던 집에서 인도하여 내신 여호와를
잊지 말고
13 네 하나님 여호와를 경외하며 그를 섬
기며 그의 이름으로 맹세할 것이니라
14 너희는 다른 신들 곧 네 사면에 있는
백성의 신들을 따르지 말라
15 너희 중에 계신 너희의 하나님 여호
와는 질투하시는 하나님이신즉 너희
의 하나님 여호와께서 네게 진노하사
너를 지면에서 멸절시키실까 두려워
하노라
16 ○ 너희가 맛사에서 시험한 것 같이 너
희의 하나님 여호와를 시험하지 말고
17 너희의 하나님 여호와께서 너희에게
명하신 명령과 증거와 규례를 삼가
지키며
18-19 여호와께서 보시기에 정직하고
선량한 일을 행하라 그리하면 네가
복을 받고 그 땅에 들어가서 여호와
께서 모든 대적을 네 앞에서 쫓아내
시겠다고 네 조상들에게 맹세하신 아
름다운 땅을 차지하리니 여호와의 말
씀과 같으니라
20 ○ 후일에 네 아들이 네게 묻기를 우
리 하나님 여호와께서 명령하신 증거
와 규례와 법도가 무슨 뜻이냐 하거든
21 너는 네 아들에게 이르기를 우리가

13】
14】
15】
16】
17】
18-19】
20】
21】

옛적에 애굽에서 바로의 종이 되었더
니 여호와께서 권능의 손으로 우리를
애굽에서 인도하여 내셨나니
22 곧 여호와께서 우리의 목전에서 크고
두려운 이적과 기사를 애굽과 바로와
그의 온 집에 베푸시고
23 우리 조상들에게 맹세하신 땅을 우리
에게 주어 들어가게 하시려고 우리를
거기서 인도하여 내시고
24 여호와께서 우리에게 이 모든 규례를
지키라 명령하셨으니 이는 우리가 우
리 하나님 여호와를 경외하여 항상
복을 누리게 하기 위하심이며 또 여
호와께서 우리를 오늘과 같이 살게
하려 하심이라
25 우리가 그 명령하신 대로 이 모든 명
령을 우리 하나님 여호와 앞에서 삼
가 지키면 그것이 곧 우리의 의로움
이니라 할지니라

22】

23】

24】

25】

여호와께서 택하신 민족(출 34:11-16)

7 1 네 하나님 여호와께서 너를 인도
하사 네가 가서 차지할 땅으로 들
이시고 네 앞에서 여러 민족 헷 족속
과 기르가스 족속과 아모리 족속과 가
나안 족속과 브리스 족속과 히위 족속
과 여부스 족속 곧 너보다 많고 힘이

1】

센 일곱 족속을 쫓아내실 때에
2 네 하나님 여호와께서 그들을 네게
넘겨 네게 치게 하시리니 그 때에 너
는 그들을 진멸할 것이라 그들과 어
떤 언약도 하지 말 것이요 그들을 불
쌍히 여기지도 말 것이며
3 또 그들과 혼인하지도 말지니 네 딸을
그들의 아들에게 주지 말 것이요 그들
의 딸도 네 며느리로 삼지 말 것은
4 그가 네 아들을 유혹하여 그가 여호
와를 떠나고 다른 신들을 섬기게 하
므로 여호와께서 너희에게 진노하사
갑자기 너희를 멸하실 것임이니라
5 오직 너희가 그들에게 행할 것은 이
러하니 그들의 제단을 헐며 주상을
깨뜨리며 아세라 목상을 찍으며 조각
한 우상들을 불사를 것이니라
6 너는 여호와 네 하나님의 성민이라
네 하나님 여호와께서 지상 만민 중
에서 너를 자기 기업의 백성으로 택
하셨나니
7 여호와께서 너희를 기뻐하시고 너희
를 택하심은 너희가 다른 민족보다
수효가 많기 때문이 아니니라 너희
는 오히려 모든 민족 중에 가장 적
으니라
8 여호와께서 다만 너희를 사랑하심으

2】

3】

4】

5】

6】

7】

8】

로 말미암아, 또는 너희의 조상들에
게 하신 맹세를 지키려 하심으로 말
미암아 자기의 권능의 손으로 너희를
인도하여 내시되 너희를 그 종 되었
던 집에서 애굽 왕 바로의 손에서 속
량하셨나니
9 그런즉 너는 알라 오직 네 하나님 여
호와는 하나님이시요 신실하신 하나
님이시라 그를 사랑하고 그의 계명을
지키는 자에게는 천 대까지 그의 언
약을 이행하시며 인애를 베푸시되
10 그를 미워하는 자에게는 당장에 보응
하여 멸하시나니 여호와는 자기를 미
워하는 자에게 지체하지 아니하시고
당장에 그에게 보응하시느니라
11 그런즉 너는 오늘 내가 네게 명하는
명령과 규례와 법도를 지켜 행할지
니라

법도를 듣고 지켜 행하면(신 28:1-14)

12 ○ 너희가 이 모든 법도를 듣고 지켜
행하면 네 하나님 여호와께서 네 조
상들에게 맹세하신 언약을 지켜 네게
인애를 베푸실 것이라
13 곧 너를 사랑하시고 복을 주사 너를
번성하게 하시되 네게 주리라고 네
조상들에게 맹세하신 땅에서 네 소생
에게 은혜를 베푸시며 네 토지 소산

9】

10】

11】

12】

13】

과 곡식과 포도주와 기름을 풍성하게
하시고 네 소와 양을 번식하게 하시
리니
14 네가 복을 받음이 만민보다 훨씬 더
하여 너희 중의 남녀와 너희의 짐승
의 암수에 생육하지 못함이 없을 것
이며
15 여호와께서 또 모든 질병을 네게서
멀리 하사 너희가 아는 애굽의 악질
에 걸리지 않게 하시고 너를 미워하
는 모든 자에게 걸리게 하실 것이라
16 네 하나님 여호와께서 네게 넘겨주신
모든 민족을 네 눈이 긍휼히 여기지
말고 진멸하며 그들의 신을 섬기지
말라 그것이 네게 올무가 되리라
17 ○ 네가 혹시 심중에 이르기를 이 민
족들이 나보다 많으니 내가 어찌 그
를 쫓아낼 수 있으리요 하리라마는
18 그들을 두려워하지 말고 네 하나님
여호와께서 바로와 온 애굽에 행하신
것을 잘 기억하되
19 네 하나님 여호와께서 너를 인도하여
내실 때에 네가 본 큰 시험과 이적과
기사와 강한 손과 편 팔을 기억하라
네 하나님 여호와께서 네가 두려워하
는 모든 민족에게 그와 같이 행하실
것이요

14】

15】

16】

17】

18】

19】

20 네 하나님 여호와께서 또 왕벌을 그
들 중에 보내어 그들의 남은 자와 너
를 피하여 숨은 자를 멸하시리니
21 너는 그들을 두려워하지 말라 너희의
하나님 여호와 곧 크고 두려운 하나
님이 너희 중에 계심이니라
22 네 하나님 여호와께서 이 민족들을 네
앞에서 조금씩 쫓아내시리니 너는 그
들을 급히 멸하지 말라 들짐승이 번
성하여 너를 해할까 하노라
23 네 하나님 여호와께서 그들을 네게
넘기시고 그들을 크게 혼란하게 하여
마침내 진멸하시고
24 그들의 왕들을 네 손에 넘기시리니
너는 그들의 이름을 천하에서 제하여
버리라 너를 당할 자가 없이 네가 마
침내 그들을 진멸하리라
25 너는 그들이 조각한 신상들을 불사
르고 그것에 입힌 은이나 금을 탐내
지 말며 취하지 말라 네가 그것으로
말미암아 올무에 걸릴까 하노니 이는
네 하나님 여호와께서 가증히 여기시
는 것임이니라
26 너는 가증한 것을 네 집에 들이지 말
라 너도 그것과 같이 진멸 당할까 하
노라 너는 그것을 멀리하며 심히 미워
하라 그것은 진멸 당할 것임이니라

20】

21】

22】

23】

24】

25】

26】

이스라엘이 차지할 아름다운 땅

8

1 내가 오늘 명하는 모든 명령을 너
희는 지켜 행하라 그리하면 너희가
살고 번성하고 여호와께서 너희의 조
상들에게 맹세하신 땅에 들어가서 그
것을 차지하리라
2 네 하나님 여호와께서 이 사십 년 동
안에 네게 광야 길을 걷게 하신 것
을 기억하라 이는 너를 낮추시며 너
를 시험하사 네 마음이 어떠한지 그
명령을 지키는지 지키지 않는지 알려
하심이라
3 너를 낮추시며 너를 주리게 하시며
또 너도 알지 못하며 네 조상들도 알
지 못하던 만나를 네게 먹이신 것은
사람이 떡으로만 사는 것이 아니요
여호와의 입에서 나오는 모든 말씀으
로 사는 줄을 네가 알게 하려 하심이
니라
4 이 사십 년 동안에 네 의복이 해어지
지 아니하였고 네 발이 부르트지 아
니하였느니라
5 너는 사람이 그 아들을 징계함 같이
네 하나님 여호와께서 너를 징계하시
는 줄 마음에 생각하고
6 네 하나님 여호와의 명령을 지켜 그의
길을 따라가며 그를 경외할지니라

1】

2】

3】

4】

5】

6】

7 네 하나님 여호와께서 너를 아름다운
땅에 이르게 하시나니 그 곳은 골짜
기든지 산지든지 시내와 분천과 샘이
흐르고
8 밀과 보리의 소산지요 포도와 무화
과와 석류와 감람나무와 꿀의 소산
지라
9 네가 먹을 것에 모자람이 없고 네게
아무 부족함이 없는 땅이며 그 땅의
돌은 철이요 산에서는 동을 캘 것
이라
10 네가 먹어서 배부르고 네 하나님 여
호와께서 옥토를 네게 주셨음으로 말
미암아 그를 찬송하리라

여호와를 잊지 말라

11 ○ 내가 오늘 네게 명하는 여호와의
명령과 법도와 규례를 지키지 아니하
고 네 하나님 여호와를 잊어버리지
않도록 삼갈지어다
12 네가 먹어서 배부르고 아름다운 집을
짓고 거주하게 되며
13 또 네 소와 양이 번성하며 네 은금이
증식되며 네 소유가 다 풍부하게 될
때에
14 네 마음이 교만하여 네 하나님 여호
와를 잊어버릴까 염려하노라 여호와
는 너를 애굽 땅 종 되었던 집에서 이

7】

8】

9】

10】

11】

12】

13】

14】

끌어 내시고
15 너를 인도하여 그 광대하고 위험한
광야 곧 불뱀과 전갈이 있고 물이 없
는 간조한 땅을 지나게 하셨으며 또
너를 위하여 단단한 반석에서 물을
내셨으며
16 네 조상들도 알지 못하던 만나를 광
야에서 네게 먹이셨나니 이는 다 너
를 낮추시며 너를 시험하사 마침내
네게 복을 주려 하심이었느니라
17 그러나 네가 마음에 이르기를 내 능
력과 내 손의 힘으로 내가 이 재물을
얻었다 말할 것이라
18 네 하나님 여호와를 기억하라 그가
네게 재물 얻을 능력을 주셨음이라
이같이 하심은 네 조상들에게 맹세하
신 언약을 오늘과 같이 이루려 하심
이니라
19 네가 만일 네 하나님 여호와를 잊어
버리고 다른 신들을 따라 그들을 섬
기며 그들에게 절하면 내가 너희에게
증거하노니 너희가 반드시 멸망할 것
이라
20 여호와께서 너희 앞에서 멸망시키신
민족들 같이 너희도 멸망하리니 이는
너희가 너희의 하나님 여호와의 소리
를 청종하지 아니함이니라

15】

16】

17】

18】

19】

20】

백성의 불순종

9

1 이스라엘아 들으라 네가 오늘 요
단을 건너 너보다 강대한 나라들로
들어가서 그것을 차지하리니 그 성읍
들은 크고 성벽은 하늘에 닿았으며
2 크고 많은 백성은 네가 아는 아낙 자
손이라 그에 대한 말을 네가 들었나니
이르기를 누가 아낙 자손을 능히 당하
리요 하거니와
3 오늘 너는 알라 네 하나님 여호와께서
맹렬한 불과 같이 네 앞에 나아가신즉
여호와께서 그들을 멸하사 네 앞에 엎
드러지게 하시리니 여호와께서 네게
말씀하신 것 같이 너는 그들을 쫓아내
며 속히 멸할 것이라
4 네 하나님 여호와께서 그들을 네 앞
에서 쫓아내신 후에 네가 심중에 이
르기를 내 공의로움으로 말미암아 여
호와께서 나를 이 땅으로 인도하여 들
여서 그것을 차지하게 하셨다 하지 말
라 이 민족들이 악함으로 말미암아 여
호와께서 그들을 네 앞에서 쫓아내심
이니라
5 네가 가서 그 땅을 차지함은 네 공의
로 말미암음도 아니며 네 마음이 정직
함으로 말미암음도 아니요 이 민족들
이 악함으로 말미암아 네 하나님 여호

1】

2】

3】

4】

5】

와께서 그들을 네 앞에서 쫓아내심이
라 여호와께서 이같이 하심은 네 조상
아브라함과 이삭과 야곱에게 하신 맹
세를 이루려 하심이니라
6 ○ 그러므로 네가 알 것은 네 하나님
여호와께서 네게 이 아름다운 땅을 기
업으로 주신 것이 네 공의로 말미암
음이 아니니라 너는 목이 곧은 백성
이니라
7 너는 광야에서 네 하나님 여호와를 격
노하게 하던 일을 잊지 말고 기억하
라 네가 애굽 땅에서 나오던 날부터
이 곳에 이르기까지 늘 여호와를 거
역하였으되
8 호렙 산에서 너희가 여호와를 격노하
게 하였으므로 여호와께서 진노하사
너희를 멸하려 하셨느니라
9 그 때에 내가 돌판들 곧 여호와께서
너희와 세우신 언약의 돌판들을 받으
려고 산에 올라가서 사십 주 사십 야
를 산에 머물며 떡도 먹지 아니하고
물도 마시지 아니하였더니
10 여호와께서 두 돌판을 내게 주셨나니
그 돌판의 글은 하나님이 손으로 기록
하신 것이요 너희의 총회 날에 여호와
께서 산상 불 가운데서 너희에게 이르
신 모든 말씀이니라

6】

7】

8】

9】

10】

년 월 일

11 사십 주 사십 야를 지난 후에 여호와
께서 내게 돌판 곧 언약의 두 돌판을
주시고
12 내게 이르시되 일어나 여기서 속히 내
려가라 네가 애굽에서 인도하여 낸 네
백성이 스스로 부패하여 내가 그들에
게 명령한 도를 속히 떠나 자기를 위
하여 우상을 부어 만들었느니라
13 여호와께서 또 내게 말씀하여 이르시
되 내가 이 백성을 보았노라 보라 이
는 목이 곧은 백성이니라
14 나를 막지 말라 내가 그들을 멸하여
그들의 이름을 천하에서 없애고 너를
그들보다 강대한 나라가 되게 하리라
하시기로
15 내가 돌이켜 산에서 내려오는데 산에
는 불이 붙었고 언약의 두 돌판은 내
두 손에 있었느니라
16 내가 본즉 너희가 너희의 하나님 여호
와께 범죄하여 자기를 위하여 송아지
를 부어 만들어서 여호와께서 명령하
신 도를 빨리 떠났기로
17 내가 그 두 돌판을 내 두 손으로 들어
던져 너희의 목전에서 깨뜨렸노라
18 그리고 내가 전과 같이 사십 주 사십
야를 여호와 앞에 엎드려서 떡도 먹
지 아니하고 물도 마시지 아니하였으

11】

12】

13】

14】

15】

16】

17】

18】

니 이는 너희가 여호와의 목전에 악을
행하여 그를 격노하게 하여 크게 죄를
지었음이라
19 여호와께서 심히 분노하사 너희를 멸
하려 하셨으므로 내가 두려워하였노
라 그러나 여호와께서 그 때에도 내
말을 들으셨고
20 여호와께서 또 아론에게 진노하사 그
를 멸하려 하셨으므로 내가 그 때에도
아론을 위하여 기도하고
21 너희의 죄 곧 너희가 만든 송아지를
가져다가 불살라 찧고 티끌 같이 가늘
게 갈아 그 가루를 산에서 흘러내리는
시내에 뿌렸느니라
22 ○ 너희가 다베라와 맛사와 기브롯 핫
다아와에서도 여호와를 격노하게 하
였느니라
23 여호와께서 너희를 가데스 바네아에
서 떠나게 하실 때에 이르시기를 너
희는 올라가서 내가 너희에게 준 땅을
차지하라 하시되 너희가 너희의 하나
님 여호와의 명령을 거역하여 믿지 아
니하고 그 말씀을 듣지 아니하였나니
24 내가 너희를 알던 날부터 너희가 항상
여호와를 거역하여 왔느니라
25 ○ 그 때에 여호와께서 너희를 멸하
겠다 하셨으므로 내가 여전히 사십 주

19】

20】

21】

22】

23】

24】

25】

사십 야를 여호와 앞에 엎드리고
26 여호와께 간구하여 이르되 주 여호와 26】
여 주께서 큰 위엄으로 속량하시고 강
한 손으로 애굽에서 인도하여 내신 주
의 백성 곧 주의 기업을 멸하지 마옵
소서
27 주의 종 아브라함과 이삭과 야곱을 생 27】
각하사 이 백성의 완악함과 악과 죄를
보지 마옵소서
28 주께서 우리를 인도하여 내신 그 땅 28】
백성이 말하기를 여호와께서 그들에
게 허락하신 땅으로 그들을 인도하여
들일 만한 능력도 없고 그들을 미워하
기도 하사 광야에서 죽이려고 인도하
여 내셨다 할까 두려워하나이다
29 그들은 주의 큰 능력과 펴신 팔로 인 29】
도하여 내신 주의 백성 곧 주의 기업
이로소이다 하였노라

모세가 십계명을 다시 받다(출 34:1-10)

10

1 그 때에 여호와께서 내게 이르시 1】
기를 너는 처음과 같은 두 돌판을
다듬어 가지고 산에 올라 내게로 나아
오고 또 나무궤 하나를 만들라
2 네가 깨뜨린 처음 판에 쓴 말을 내가 2】
그 판에 쓰리니 너는 그것을 그 궤에
넣으라 하시기로

3 내가 조각목으로 궤를 만들고 처음 것
과 같은 돌판 둘을 다듬어 손에 들고
산에 오르매
4 여호와께서 그 총회 날에 산 위 불 가
운데에서 너희에게 이르신 십계명을
처음과 같이 그 판에 쓰시고 그것을
내게 주시기로
5 내가 돌이켜 산에서 내려와서 여호와
께서 내게 명령하신 대로 그 판을 내
가 만든 궤에 넣었더니 지금까지 있
느니라
6 (이스라엘 자손이 브에롯 브네야아간
에서 길을 떠나 모세라에 이르러 아론
이 거기서 죽어 장사되었고 그의 아들
엘르아살이 그를 이어 제사장의 직임
을 행하였으며
7 또 거기를 떠나 굿고다에 이르고 굿고
다를 떠나 욧바다에 이른즉 그 땅에는
시내가 많았으며
8 그 때에 여호와께서 레위 지파를 구
별하여 여호와의 언약 궤를 메게 하며
여호와 앞에 서서 그를 섬기며 또 여
호와의 이름으로 축복하게 하셨으니
그 일은 오늘까지 이르느니라
9 그러므로 레위는 그의 형제 중에 분깃
이 없으며 기업이 없고 네 하나님 여
호와께서 그에게 말씀하심 같이 여호

3】

4】

5】

6】

7】

8】

9】

와가 그의 기업이시니라)
10 내가 처음과 같이 사십 주 사십 야를
산에 머물렀고 그 때에도 여호와께서
내 말을 들으사 너를 참아 멸하지 아
니하시고
11 여호와께서 내게 이르시되 일어나서
백성보다 먼저 길을 떠나라 내가 그들
에게 주리라고 그들의 조상들에게 맹
세한 땅에 그들이 들어가서 그것을 차
지하리라 하셨느니라

여호와께서 요구하시는 것
12 ○ 이스라엘아 네 하나님 여호와께서
네게 요구하시는 것이 무엇이냐 곧 네
하나님 여호와를 경외하여 그의 모든
도를 행하고 그를 사랑하며 마음을 다
하고 뜻을 다하여 네 하나님 여호와
를 섬기고
13 내가 오늘 네 행복을 위하여 네게 명
하는 여호와의 명령과 규례를 지킬 것
이 아니냐
14 하늘과 모든 하늘의 하늘과 땅과 그
위의 만물은 본래 네 하나님 여호와께
속한 것이로되
15 여호와께서 오직 네 조상들을 기뻐하
시고 그들을 사랑하사 그들의 후손인
너희를 만민 중에서 택하셨음이 오늘
과 같으니라

10】

11】

12】

13】

14】

15】

16 그러므로 너희는 마음에 할례를 행하
고 다시는 목을 곧게 하지 말라
17 너희의 하나님 여호와는 신 가운데 신
이시며 주 가운데 주시요 크고 능하시
며 두려우신 하나님이시라 사람을 외
모로 보지 아니하시며 뇌물을 받지 아
니하시고
18 고아와 과부를 위하여 정의를 행하시
며 나그네를 사랑하여 그에게 떡과 옷
을 주시나니
19 너희는 나그네를 사랑하라 전에 너희
도 애굽 땅에서 나그네 되었음이니라
20 네 하나님 여호와를 경외하여 그를 섬
기며 그에게 의지하고 그의 이름으로
맹세하라
21 그는 네 찬송이시요 네 하나님이시라
네 눈으로 본 이같이 크고 두려운 일
을 너를 위하여 행하셨느니라
22 애굽에 내려간 네 조상들이 겨우 칠십
인이었으나 이제는 네 하나님 여호와
께서 너를 하늘의 별 같이 많게 하셨
느니라

16】
17】
18】
19】
20】
21】
22】

여호와께서 행하신 큰 일

11

1 그런즉 네 하나님 여호와를 사랑
하여 그가 주신 책무와 법도와 규
례와 명령을 항상 지키라

1】

2 너희의 자녀는 알지도 못하고 보지도
못하였으나 너희가 오늘날 기억할 것
은 너희의 하나님 여호와의 교훈과 그
의 위엄과 그의 강한 손과 펴신 팔과
3 애굽에서 그 왕 바로와 그 전국에 행
하신 이적과 기사와
4 또 여호와께서 애굽 군대와 그 말과
그 병거에 행하신 일 곧 그들이 너희
를 뒤쫓을 때에 홍해 물로 그들을 덮
어 멸하사 오늘까지 이른 것과
5 또 너희가 이 곳에 이르기까지 광야
에서 너희에게 행하신 일과
6 르우벤 자손 엘리압의 아들 다단과
아비람에게 하신 일 곧 땅이 입을 벌
려서 그들과 그들의 가족과 그들의
장막과 그들을 따르는 온 이스라엘의
한가운데에서 모든 것을 삼키게 하신
일이라
7 너희가 여호와께서 행하신 이 모든
큰 일을 너희의 눈으로 보았느니라

주리라고 맹세하신 땅

8 ○ 그러므로 너희는 내가 오늘 너희
에게 명하는 모든 명령을 지키라 그
리하면 너희가 강성할 것이요 너희가
건너가 차지할 땅에 들어가서 그것을
차지할 것이며
9 또 여호와께서 너희의 조상들에게 맹

2】

3】

4】

5】

6】

7】

8】

9】

세하여 그들과 그들의 후손에게 주리
라고 하신 땅 곧 젖과 꿀이 흐르는 땅
에서 너희의 날이 장구하리라
10 네가 들어가 차지하려 하는 땅은 네
가 나온 애굽 땅과 같지 아니하니 거
기에서는 너희가 파종한 후에 발로
물 대기를 채소밭에 댐과 같이 하였
거니와
11 너희가 건너가서 차지할 땅은 산과
골짜기가 있어서 하늘에서 내리는 비
를 흡수하는 땅이요
12 네 하나님 여호와께서 돌보아 주시
는 땅이라 연초부터 연말까지 네 하
나님 여호와의 눈이 항상 그 위에 있
느니라
13 ○ 내가 오늘 너희에게 명하는 내 명
령을 너희가 만일 청종하고 너희의
하나님 여호와를 사랑하여 마음을 다
하고 뜻을 다하여 섬기면
14 여호와께서 너희의 땅에 이른 비, 늦
은 비를 적당한 때에 내리시리니 너
희가 곡식과 포도주와 기름을 얻을
것이요
15 또 가축을 위하여 들에 풀이 나게 하
시리니 네가 먹고 배부를 것이라
16 너희는 스스로 삼가라 두렵건대 마음
에 미혹하여 돌이켜 다른 신들을 섬

10】
11】
12】
13】
14】
15】
16】

기며 그것에게 절하므로
17 여호와께서 너희에게 진노하사 하늘
을 닫아 비를 내리지 아니하여 땅이
소산을 내지 않게 하시므로 너희가
여호와께서 주신 아름다운 땅에서 속
히 멸망할까 하노라
18 ○ 이러므로 너희는 나의 이 말을 너
희의 마음과 뜻에 두고 또 그것을 너
희의 손목에 매어 기호를 삼고 너희
미간에 붙여 표를 삼으며
19 또 그것을 너희의 자녀에게 가르치며
집에 앉아 있을 때에든지, 길을 갈 때
에든지, 누워 있을 때에든지, 일어날
때에든지 이 말씀을 강론하고
20 또 네 집 문설주와 바깥 문에 기록
하라
21 그리하면 여호와께서 너희 조상들에
게 주리라고 맹세하신 땅에서 너희의
날과 너희의 자녀의 날이 많아서 하
늘이 땅을 덮는 날과 같으리라
22 너희가 만일 내가 너희에게 명하는
이 모든 명령을 잘 지켜 행하여 너희
의 하나님 여호와를 사랑하고 그의
모든 도를 행하여 그에게 의지하면
23 여호와께서 그 모든 나라 백성을 너
희 앞에서 다 쫓아내실 것이라 너희
가 너희보다 강대한 나라들을 차지할

17】

18】

19】

20】

21】

22】

23】

것인즉

24 너희의 발바닥으로 밟는 곳은 다 너
희의 소유가 되리니 너희의 경계는
곧 광야에서부터 레바논까지와 유브
라데 강에서부터 서해까지라

25 너희의 하나님 여호와께서 너희에게
말씀하신 대로 너희가 밟는 모든 땅
사람들에게 너희를 두려워하고 무서
워하게 하시리니 너희를 능히 당할
사람이 없으리라

26 ○ 내가 오늘 복과 저주를 너희 앞에
두나니

27 너희가 만일 내가 오늘 너희에게 명
하는 너희의 하나님 여호와의 명령을
들으면 복이 될 것이요

28 너희가 만일 내가 오늘 너희에게 명
령하는 도에서 돌이켜 떠나 너희의
하나님 여호와의 명령을 듣지 아니하
고 본래 알지 못하던 다른 신들을 따
르면 저주를 받으리라

29 네 하나님 여호와께서 네가 가서 차지
할 땅으로 너를 인도하여 들이실 때에
너는 그리심 산에서 축복을 선포하고
에발 산에서 저주를 선포하라

30 이 두 산은 요단 강 저쪽 곧 해지는 쪽
으로 가는 길 뒤 길갈 맞은편 모레 상
수리나무 곁의 아라바에 거주하는 가

24】

25】

26】

27】

28】

29】

30】

나안 족속의 땅에 있지 아니하냐
31 너희가 요단을 건너 너희의 하나님 여
호와께서 너희에게 주시는 땅에 들어
가서 그 땅을 차지하려 하나니 반드시
그것을 차지하여 거기 거주할지라
32 내가 오늘 너희 앞에 베푸는 모든 규
례와 법도를 너희는 지켜 행할지니라

31】

32】

택하신 예배 처소

12 1 네 조상의 하나님 여호와께서 네
게 주셔서 차지하게 하신 땅에서
너희가 평생에 지켜 행할 규례와 법
도는 이러하니라
2 너희가 쫓아낼 민족들이 그들의 신들
을 섬기는 곳은 높은 산이든지 작은
산이든지 푸른 나무 아래든지를 막론
하고 그 모든 곳을 너희가 마땅히 파
멸하며
3 그 제단을 헐며 주상을 깨뜨리며 아
세라 상을 불사르고 또 그 조각한 신
상들을 찍어 그 이름을 그 곳에서 멸
하라
4 너희의 하나님 여호와께는 너희가 그
처럼 행하지 말고
5 오직 너희의 하나님 여호와께서 자기
의 이름을 두시려고 너희 모든 지파
중에서 택하신 곳인 그 계실 곳으로

1】

2】

3】

4】

5】

년 월 일

찾아 나아가서
6 너희의 번제와 너희의 제물과 너희의
십일조와 너희 손의 거제와 너희의
서원제와 낙헌 예물과 너희 소와 양
의 처음 난 것들을 너희는 그리로 가
져다가 드리고
7 거기 곧 너희의 하나님 여호와 앞에
서 먹고 너희의 하나님 여호와께서
너희의 손으로 수고한 일에 복 주심
으로 말미암아 너희와 너희의 가족이
즐거워할지니라
8 우리가 오늘 여기에서는 각기 소견대
로 하였거니와 너희가 거기에서는 그
렇게 하지 말지니라
9 너희가 너희 하나님 여호와께서 주시
는 안식과 기업에 아직은 이르지 못
하였거니와
10 너희가 요단을 건너 너희 하나님 여호
와께서 너희에게 기업으로 주시는 땅
에 거주하게 될 때 또는 여호와께서
너희에게 너희 주위의 모든 대적을 이
기게 하시고 너희에게 안식을 주사 너
희를 평안히 거주하게 하실 때에
11 너희는 너희의 하나님 여호와께서 자
기 이름을 두시려고 택하실 그 곳으
로 내가 명령하는 것을 모두 가지고
갈지니 곧 너희의 번제와 너희의 희

6】

7】

8】

9】

10】

11】

생과 너희의 십일조와 너희 손의 거
제와 너희가 여호와께서 원하시는 모
든 아름다운 서원물을 가져가고
12 너희와 너희의 자녀와 노비와 함께
너희의 하나님 여호와 앞에서 즐거
워할 것이요 네 성중에 있는 레위인
과도 그리할지니 레위인은 너희 중에
분깃이나 기업이 없음이니라
13 너는 삼가서 네게 보이는 아무 곳에
서나 번제를 드리지 말고
14 오직 너희의 한 지파 중에 여호와께
서 택하실 그 곳에서 번제를 드리고
또 내가 네게 명령하는 모든 것을 거
기서 행할지니라
15 ○ 그러나 네 하나님 여호와께서 네
게 주신 복을 따라 각 성에서 네 마음
에 원하는 대로 가축을 잡아 그 고기
를 먹을 수 있나니 곧 정한 자나 부정
한 자를 막론하고 노루나 사슴을 먹
는 것 같이 먹으려니와
16 오직 그 피는 먹지 말고 물 같이 땅에
쏟을 것이며
17 너는 곡식과 포도주와 기름의 십일조
와 네 소와 양의 처음 난 것과 네 서원
을 갚는 예물과 네 낙헌 예물과 네 손
의 거제물은 네 각 성에서 먹지 말고
18 오직 네 하나님 여호와께서 택하실

12】

13】

14】

15】

16】

17】

18】

곳에서 네 하나님 여호와 앞에서 너
는 네 자녀와 노비와 성중에 거주하
는 레위인과 함께 그것을 먹고 또 네
손으로 수고한 모든 일로 말미암아 네
하나님 여호와 앞에서 즐거워하되
19 너는 삼가 네 땅에 거주하는 동안에
레위인을 저버리지 말지니라
20 ○ 네 하나님 여호와께서 네게 허락
하신 대로 네 지경을 넓히신 후에 네
마음에 고기를 먹고자 하여 이르기를
내가 고기를 먹으리라 하면 네가 언
제나 마음에 원하는 만큼 고기를 먹
을 수 있으리니
21 만일 네 하나님 여호와께서 자기 이
름을 두시려고 택하신 곳이 네게서
멀거든 내가 네게 명령한 대로 너는
여호와께서 주신 소와 양을 잡아 네
각 성에서 네가 마음에 원하는 모든
것을 먹되
22 정한 자나 부정한 자를 막론하고 노
루나 사슴을 먹는 것 같이 먹을 수 있
거니와
23 다만 크게 삼가서 그 피는 먹지 말라
피는 그 생명인즉 네가 그 생명을 고
기와 함께 먹지 못하리니
24 너는 그것을 먹지 말고 물 같이 땅에
쏟으라

19】

20】

21】

22】

23】

24】

25 너는 피를 먹지 말라 네가 이같이 여
호와께서 의롭게 여기시는 일을 행하
면 너와 네 후손이 복을 누리리라
26 오직 네 성물과 서원물을 여호와께서
택하신 곳으로 가지고 가라
27 네가 번제를 드릴 때에는 그 고기와
피를 네 하나님 여호와의 제단에 드
릴 것이요 네 제물의 피는 네 하나님
여호와의 제단 위에 붓고 그 고기는
먹을지니라
28 내가 네게 명령하는 이 모든 말을 너
는 듣고 지키라 네 하나님 여호와의
목전에 선과 의를 행하면 너와 네 후
손에게 영구히 복이 있으리라

다른 신들을 섬기지 말라

29 ○ 네 하나님 여호와께서 네가 들어
가서 쫓아낼 그 민족들을 네 앞에서
멸절하시고 네가 그 땅을 차지하여
거기에 거주하게 하실 때에
30 너는 스스로 삼가 네 앞에서 멸망한
그들의 자취를 밟아 올무에 걸리지
말라 또 그들의 신을 탐구하여 이르
기를 이 민족들은 그 신들을 어떻게
섬겼는고 나도 그와 같이 하겠다 하
지 말라
31 네 하나님 여호와께는 네가 그와 같
이 행하지 못할 것이라 그들은 여호

25】

26】

27】

28】

29】

30】

31】

와께서 꺼리시며 가증히 여기시는 일
을 그들의 신들에게 행하여 심지어
자기들의 자녀를 불살라 그들의 신들
에게 드렸느니라
32 ○ 내가 너희에게 명령하는 이 모든
말을 너희는 지켜 행하고 그것에 가
감하지 말지니라

32】

13 1 너희 중에 선지자나 꿈 꾸는 자가
일어나서 이적과 기사를 네게 보
이고
2 그가 네게 말한 그 이적과 기사가 이
루어지고 너희가 알지 못하던 다른
신들을 우리가 따라 섬기자고 말할
지라도
3 너는 그 선지자나 꿈 꾸는 자의 말을
청종하지 말라 이는 너희의 하나님 여
호와께서 너희가 마음을 다하고 뜻을
다하여 너희의 하나님 여호와를 사랑
하는 여부를 알려 하사 너희를 시험
하심이니라
4 너희는 너희의 하나님 여호와를 따르
며 그를 경외하며 그의 명령을 지키며
그의 목소리를 청종하며 그를 섬기며
그를 의지하며
5 그런 선지자나 꿈 꾸는 자는 죽이라
이는 그가 너희에게 너희를 애굽 땅

1】

2】

3】

4】

5】

에서 인도하여 내시며 종 되었던 집
에서 속량하신 너희의 하나님 여호와
를 배반하게 하려 하며 너희의 하나
님 여호와께서 네게 행하라 명령하신
도에서 너를 꾀어내려고 말하였음이
라 너는 이같이 하여 너희 중에서 악
을 제할지니라
6 ○ 네 어머니의 아들 곧 네 형제나 네
자녀나 네 품의 아내나 너와 생명을
함께 하는 친구가 가만히 너를 꾀어
이르기를 너와 네 조상들이 알지 못
하던 다른 신들
7 곧 네 사방을 둘러싸고 있는 민족 혹
네게서 가깝든지 네게서 멀든지 땅 이
끝에서 저 끝까지에 있는 민족의 신들
을 우리가 가서 섬기자 할지라도
8 너는 그를 따르지 말며 듣지 말며 긍
휼히 여기지 말며 애석히 여기지 말
며 덮어 숨기지 말고
9 너는 용서 없이 그를 죽이되 죽일 때
에 네가 먼저 그에게 손을 대고 후에
뭇 백성이 손을 대라
10 그는 애굽 땅 종 되었던 집에서 너를
인도하여 내신 네 하나님 여호와에게
서 너를 꾀어 떠나게 하려 한 자이니
너는 돌로 쳐죽이라
11 그리하면 온 이스라엘이 듣고 두려워

6】

7】

8】

9】

10】

11】

하여 이같은 악을 다시는 너희 중에
서 행하지 못하리라
12 ○ 네 하나님 여호와께서 네게 주어
거주하게 하시는 한 성읍에 대하여
네게 소문이 들리기를
13 너희 가운데서 어떤 불량배가 일어나
서 그 성읍 주민을 유혹하여 이르기
를 너희가 알지 못하던 다른 신들을
우리가 가서 섬기자 한다 하거든
14 너는 자세히 묻고 살펴 보아서 이런
가증한 일이 너희 가운데에 있다는
것이 확실한 사실로 드러나면
15 너는 마땅히 그 성읍 주민을 칼날로
죽이고 그 성읍과 그 가운데에 거주
하는 모든 것과 그 가축을 칼날로 진
멸하고
16 또 그 속에서 빼앗아 차지한 물건을
다 거리에 모아 놓고 그 성읍과 그 탈
취물 전부를 불살라 네 하나님 여호와
께 드릴지니 그 성읍은 영구히 폐허가
되어 다시는 건축되지 아니할 것이라
17 너는 이 진멸할 물건을 조금도 네 손
에 대지 말라 그리하면 여호와께서
그의 진노를 그치시고 너를 긍휼히
여기시고 자비를 더하사 네 조상들에
게 맹세하심 같이 너를 번성하게 하
실 것이라

12】

13】

14】

15】

16】

17】

18 네가 만일 네 하나님 여호와의 말씀을
듣고 오늘 내가 네게 명하는 그 모든
명령을 지켜 네 하나님 여호와의 목전
에서 정직하게 행하면 이같이 되리라

18】

금지된 애도법

14 1 너희는 너희 하나님 여호와의 자
녀이니 죽은 자를 위하여 자기 몸
을 베지 말며 눈썹 사이 이마 위의 털
을 밀지 말라
2 너는 네 하나님 여호와의 성민이라
여호와께서 지상 만민 중에서 너를
택하여 자기 기업의 백성으로 삼으셨
느니라

1】

2】

정한 짐승과 부정한 짐승(레 11:1-47)

3 ○ 너는 가증한 것은 무엇이든지 먹
지 말라
4 너희가 먹을 만한 짐승은 이러하니
곧 소와 양과 염소와
5 사슴과 노루와 불그스름한 사슴과 산
염소와 볼기가 흰 노루와 뿔이 긴 사
슴과 산양들이라
6 짐승 중에 굽이 갈라져 쪽발도 되고
새김질도 하는 모든 것은 너희가 먹
을 것이니라
7 다만 새김질을 하거나 굽이 갈라진
짐승 중에도 너희가 먹지 못할 것은

3】

4】

5】

6】

7】

이것이니 곧 낙타와 토끼와 사반, 그
것들은 새김질은 하나 굽이 갈라지지
아니하였으니 너희에게 부정하고
8 돼지는 굽은 갈라졌으나 새김질을 못
하므로 너희에게 부정하니 너희는 이
런 것의 고기를 먹지 말 것이며 그 사
체도 만지지 말 것이니라
9 ○ 물에 있는 모든 것 중에서 이런 것
은 너희가 먹을 것이니 지느러미와
비늘 있는 모든 것은 너희가 먹을 것
이요
10 지느러미와 비늘이 없는 모든 것은
너희가 먹지 말지니 이는 너희에게
부정함이니라
11 정한 새는 모두 너희가 먹으려니와
12 이런 것은 먹지 못할지니 곧 독수리
와 솔개와 물수리와
13 매와 새매와 매의 종류와
14 까마귀 종류와
15 타조와 타흐마스와 갈매기와 새매 종
류와
16 올빼미와 부엉이와 흰 올빼미와
17 당아와 올응과 노자와
18 학과 황새 종류와 대승과 박쥐며
19 또 날기도 하고 기어다니기도 하는
것은 너희에게 부정하니 너희는 먹지
말 것이나

8】

9】

10】

11】

12】

13】

14】

15】

16】

17】

18】

19】

20 정한 새는 모두 너희가 먹을지니라
21 ○ 너희는 너희의 하나님 여호와의 성
민이라 스스로 죽은 모든 것은 먹지
말 것이나 그것을 성중에 거류하는 객
에게 주어 먹게 하거나 이방인에게 파
는 것은 가하니라 너는 염소 새끼를
그 어미의 젖에 삶지 말지니라

십일조 규례

22 ○ 너는 마땅히 매 년 토지 소산의 십
일조를 드릴 것이며
23 네 하나님 여호와 앞 곧 여호와께서
그의 이름을 두시려고 택하신 곳에서
네 곡식과 포도주와 기름의 십일조를
먹으며 또 네 소와 양의 처음 난 것
을 먹고 네 하나님 여호와 경외하기
를 항상 배울 것이니라
24 그러나 네 하나님 여호와께서 자기의
이름을 두시려고 택하신 곳이 네게서
너무 멀고 행로가 어려워서 네 하나
님 여호와께서 그 풍부히 주신 것을
가지고 갈 수 없거든
25 그것을 돈으로 바꾸어 그 돈을 싸 가
지고 네 하나님 여호와께서 택하신
곳으로 가서
26 네 마음에 원하는 모든 것을 그 돈으
로 사되 소나 양이나 포도주나 독주
등 네 마음에 원하는 모든 것을 구하고

20】
21】
22】
23】
24】
25】
26】

거기 네 하나님 여호와 앞에서 너와 네
권속이 함께 먹고 즐거워할 것이며
27 네 성읍에 거주하는 레위인은 너희
중에 분깃이나 기업이 없는 자이니
또한 저버리지 말지니라
28 ○ 매 삼 년 끝에 그 해 소산의 십분의
일을 다 내어 네 성읍에 저축하여
29 너희 중에 분깃이나 기업이 없는 레
위인과 네 성중에 거류하는 객과 및
고아와 과부들이 와서 먹고 배부르게
하라 그리하면 네 하나님 여호와께서
네 손으로 하는 범사에 네게 복을 주
시리라

27】

28】

29】

빚을 면제해 주는 해(레 25:1-7)

15
1 매 칠 년 끝에는 면제하라
2 면제의 규례는 이러하니라 그의
이웃에게 꾸어준 모든 채주는 그것을
면제하고 그의 이웃에게나 그 형제에
게 독촉하지 말지니 이는 여호와를
위하여 면제를 선포하였음이라
3 이방인에게는 네가 독촉하려니와 네
형제에게 꾸어준 것은 네 손에서 면
제하라
4 - 5 네가 만일 네 하나님 여호와의 말
씀만 듣고 내가 오늘 네게 내리는 그
명령을 다 지켜 행하면 네 하나님 여

1】

3】

4 - 5】

호와께서 네게 기업으로 주신 땅에서
네가 반드시 복을 받으리니 너희 중
에 가난한 자가 없으리라
6 네 하나님 여호와께서 네게 허락하신
대로 네게 복을 주시리니 네가 여러
나라에 꾸어 줄지라도 너는 꾸지 아니
하겠고 네가 여러 나라를 통치할지라
도 너는 통치를 당하지 아니하리라
7 ○ 네 하나님 여호와께서 네게 주신
땅 어느 성읍에서든지 가난한 형제가
너와 함께 거주하거든 그 가난한 형
제에게 네 마음을 완악하게 하지 말
며 네 손을 움켜 쥐지 말고
8 반드시 네 손을 그에게 펴서 그에게 필
요한 대로 쓸 것을 넉넉히 꾸어주라
9 삼가 너는 마음에 악한 생각을 품지
말라 곧 이르기를 일곱째 해 면제년
이 가까이 왔다 하고 네 궁핍한 형제
를 악한 눈으로 바라보며 아무것도 주
지 아니하면 그가 너를 여호와께 호소
하리니 그것이 네게 죄가 되리라
10 너는 반드시 그에게 줄 것이요, 줄 때
에는 아끼는 마음을 품지 말 것이니
라 이로 말미암아 네 하나님 여호와
께서 네가 하는 모든 일과 네 손이 닿
는 모든 일에 네게 복을 주시리라
11 땅에는 언제든지 가난한 자가 그치지

6】

7】

8】

9】

10】

11】

아니하겠으므로 내가 네게 명령하여
이르노니 너는 반드시 네 땅 안에 네
형제 중 곤란한 자와 궁핍한 자에게
네 손을 펼지니라

종을 대우하는 법(출 21:1-11)

12 ○ 네 동족 히브리 남자나 히브리 여
자가 네게 팔렸다 하자 만일 여섯 해
동안 너를 섬겼거든 일곱째 해에 너
는 그를 놓아 자유롭게 할 것이요
13 그를 놓아 자유하게 할 때에는 빈 손
으로 가게 하지 말고
14 네 양 무리 중에서와 타작 마당에서
와 포도주 틀에서 그에게 후히 줄지
니 곧 네 하나님 여호와께서 네게 복
을 주신 대로 그에게 줄지니라
15 너는 애굽 땅에서 종 되었던 것과 네
하나님 여호와께서 너를 속량하셨음
을 기억하라 그것으로 말미암아 내가
오늘 이같이 네게 명령하노라
16 종이 만일 너와 네 집을 사랑하므로
너와 동거하기를 좋게 여겨 네게 향
하여 내가 주인을 떠나지 아니하겠노
라 하거든
17 송곳을 가져다가 그의 귀를 문에 대
고 뚫으라 그리하면 그가 영구히 네
종이 되리라 네 여종에게도 그같이
할지니라

12】

13】

14】

15】

16】

17】

18 그가 여섯 해 동안에 품꾼의 삯의 배
나 받을 만큼 너를 섬겼은즉 너는 그
를 놓아 자유하게 하기를 어렵게 여기
지 말라 그리하면 네 하나님 여호와께
서 네 범사에 네게 복을 주시리라

처음 난 소와 양의 새끼

19 ○ 네 소와 양의 처음 난 수컷은 구별
하여 네 하나님 여호와께 드릴 것이
니 네 소의 첫 새끼는 부리지 말고 네
양의 첫 새끼의 털은 깎지 말고
20 너와 네 가족은 매년 여호와께서 택
하신 곳 네 하나님 여호와 앞에서 먹
을지니라
21 그러나 그 짐승이 흠이 있어서 절거
나 눈이 멀었거나 무슨 흠이 있으면
네 하나님 여호와께 잡아 드리지 못
할지니
22 네 성중에서 먹되 부정한 자나 정한
자가 다 같이 먹기를 노루와 사슴을
먹음 같이 할 것이요
23 오직 피는 먹지 말고 물 같이 땅에 쏟
을지니라

18】
19】
20】
21】
22】
23】

유월절(출 12:1-20)

16 1 아빕월을 지켜 네 하나님 여호와
께 유월절을 행하라 이는 아빕월
에 네 하나님 여호와께서 밤에 너를

1】

애굽에서 인도하여 내셨음이라
2 여호와께서 자기의 이름을 두시려고
택하신 곳에서 소와 양으로 네 하나
님 여호와께 유월절 제사를 드리되
3 유교병을 그것과 함께 먹지 말고 이
레 동안은 무교병 곧 고난의 떡을 그
것과 함께 먹으라 이는 네가 애굽 땅
에서 급히 나왔음이니 이같이 행하여
네 평생에 항상 네가 애굽 땅에서 나
온 날을 기억할 것이니라
4 그 이레 동안에는 네 모든 지경 가운
데에 누룩이 보이지 않게 할 것이요
또 네가 첫날 해 질 때에 제사 드린
고기를 밤을 지내 아침까지 두지 말
것이며
5 유월절 제사를 네 하나님 여호와께서
네게 주신 각 성에서 드리지 말고
6 오직 네 하나님 여호와께서 자기의
이름을 두시려고 택하신 곳에서 네가
애굽에서 나오던 시각 곧 초저녁 해
질 때에 유월절 제물을 드리고
7 네 하나님 여호와께서 택하신 곳에서
그 고기를 구워 먹고 아침에 네 장막
으로 돌아갈 것이니라
8 너는 엿새 동안은 무교병을 먹고 일
곱째 날에 네 하나님 여호와 앞에 성
회로 모이고 일하지 말지니라

2】

3】

4】

5】

6】

7】

8】

칠칠절(출 34:22; 레 23:15-21)

9 ○ 일곱 주를 셀지니 곡식에 낫을 대
는 첫 날부터 일곱 주를 세어
10 네 하나님 여호와 앞에 칠칠절을 지
키되 네 하나님 여호와께서 네게 복
을 주신 대로 네 힘을 헤아려 자원하
는 예물을 드리고
11 너와 네 자녀와 노비와 네 성중에 있
는 레위인과 및 너희 중에 있는 객과
고아와 과부가 함께 네 하나님 여호
와께서 자기의 이름을 두시려고 택하
신 곳에서 네 하나님 여호와 앞에서
즐거워할지니라
12 너는 애굽에서 종 되었던 것을 기억
하고 이 규례를 지켜 행할지니라

초막절(레 23:33-43)

13 ○ 너희 타작 마당과 포도주 틀의 소
출을 거두어 들인 후에 이레 동안 초
막절을 지킬 것이요
14 절기를 지킬 때에는 너와 네 자녀와
노비와 네 성중에 거주하는 레위인
과 객과 고아와 과부가 함께 즐거워
하되
15 네 하나님 여호와께서 택하신 곳에서
너는 이레 동안 네 하나님 여호와 앞
에서 절기를 지키고 네 하나님 여호
와께서 네 모든 소출과 네 손으로 행

9】

10】

11】

12】

13】

14】

15】

한 모든 일에 복 주실 것이니 너는 온
전히 즐거워할지니라
16 너의 가운데 모든 남자는 일 년에 세 16】
번 곧 무교절과 칠칠절과 초막절에
네 하나님 여호와께서 택하신 곳에서
여호와를 뵈옵되 빈손으로 여호와를
뵈옵지 말고
17 각 사람이 네 하나님 여호와께서 17】
주신 복을 따라 그 힘대로 드릴지
니라

공의로 재판하라

18 ○ 네 하나님 여호와께서 네게 주시 18】
는 각 성에서 네 지파를 따라 재판장
들과 지도자들을 둘 것이요 그들은
공의로 백성을 재판할 것이니라
19 너는 재판을 굽게 하지 말며 사람을 19】
외모로 보지 말며 또 뇌물을 받지 말
라 뇌물은 지혜자의 눈을 어둡게 하
고 의인의 말을 굽게 하느니라
20 너는 마땅히 공의만을 따르라 그리하 20】
면 네가 살겠고 네 하나님 여호와께
서 네게 주시는 땅을 차지하리라
21 ○ 네 하나님 여호와를 위하여 쌓은 21】
제단 곁에 어떤 나무로든지 아세라
상을 세우지 말며
22 자기를 위하여 주상을 세우지 말라 네 22】
하나님 여호와께서 미워하시느니라

17

1 흠이나 악질이 있는 소와 양은 아
무것도 네 하나님 여호와께 드리
지 말지니 이는 네 하나님 여호와께
가증한 것이 됨이니라
2 ○ 네 하나님 여호와께서 네게 주시는
어느 성중에서든지 너희 가운데에 어
떤 남자나 여자가 네 하나님 여호와의
목전에 악을 행하여 그 언약을 어기고
3 가서 다른 신들을 섬겨 그것에게 절하
며 내가 명령하지 아니한 일월성신에
게 절한다 하자
4 그것이 네게 알려지므로 네가 듣거든
자세히 조사해 볼지니 만일 그 일과
말이 확실하여 이스라엘 중에 이런 가
증한 일을 행함이 있으면
5 너는 그 악을 행한 남자나 여자를 네
성문으로 끌어내고 그 남자나 여자를
돌로 쳐죽이되
6 죽일 자를 두 사람이나 세 사람의 증
언으로 죽일 것이요 한 사람의 증언으
로는 죽이지 말 것이며
7 이런 자를 죽이기 위하여는 증인이 먼
저 그에게 손을 댄 후에 뭇 백성이 손
을 댈지니라 너는 이와 같이 하여 너
희 중에서 악을 제할지니라
8 ○ 네 성중에서 서로 피를 흘렸거나
다투었거나 구타하였거나 서로 간에

1】

2】

3】

4】

5】

6】

7】

8】

고소하여 네가 판결하기 어려운 일이
생기거든 너는 일어나 네 하나님 여호
와께서 택하실 곳으로 올라가서
9 레위 사람 제사장과 당시 재판장에게
나아가서 물으라 그리하면 그들이 어
떻게 판결할지를 네게 가르치리니
10 여호와께서 택하신 곳에서 그들이 네
게 보이는 판결의 뜻대로 네가 행하되
그들이 네게 가르치는 대로 삼가 행
할 것이니
11 곧 그들이 네게 가르치는 율법의 뜻대
로, 그들이 네게 말하는 판결대로 행
할 것이요 그들이 네게 보이는 판결
을 어겨 좌로나 우로나 치우치지 말
것이니라
12 사람이 만일 무법하게 행하고 네 하나
님 여호와 앞에 서서 섬기는 제사장이
나 재판장에게 듣지 아니하거든 그 사
람을 죽여 이스라엘 중에서 악을 제하
여 버리라
13 그리하면 온 백성이 듣고 두려워하여
다시는 무법하게 행하지 아니하리라

이스라엘의 왕

14 ○ 네가 네 하나님 여호와께서 네게
주시는 땅에 이르러 그 땅을 차지하고
거주할 때에 만일 우리도 우리 주위의
모든 민족들 같이 우리 위에 왕을 세

9】

10】

11】

12】

13】

14】

워야겠다는 생각이 나거든
15 반드시 네 하나님 여호와께서 택하신
자를 네 위에 왕으로 세울 것이며 네
위에 왕을 세우려면 네 형제 중에서
한 사람을 할 것이요 네 형제 아닌 타
국인을 네 위에 세우지 말 것이며
16 그는 병마를 많이 두지 말 것이요 병
마를 많이 얻으려고 그 백성을 애굽으
로 돌아가게 하지 말 것이니 이는 여
호와께서 너희에게 이르시기를 너희
가 이 후에는 그 길로 다시 돌아가지
말 것이라 하셨음이며
17 그에게 아내를 많이 두어 그의 마음이
미혹되게 하지 말 것이며 자기를 위하
여 은금을 많이 쌓지 말 것이니라
18 ○ 그가 왕위에 오르거든 이 율법서의
등사본을 레위 사람 제사장 앞에서 책
에 기록하여
19 평생에 자기 옆에 두고 읽어 그의 하
나님 여호와 경외하기를 배우며 이 율
법의 모든 말과 이 규례를 지켜 행할
것이라
20 그리하면 그의 마음이 그의 형제 위에
교만하지 아니하고 이 명령에서 떠나
좌로나 우로나 치우치지 아니하리니
이스라엘 중에서 그와 그의 자손이 왕
위에 있는 날이 장구하리라

15】

16】

17】

18】

19】

20】

제사장과 레위 사람의 몫

18

1 레위 사람 제사장과 레위의 온 지
파는 이스라엘 중에 분깃도 없고
기업도 없을지니 그들은 여호와의 화
제물과 그 기업을 먹을 것이라
2 그들이 그들의 형제 중에서 기업을 가
지지 않을 것은 여호와께서 그들의 기
업이 되심이니 그들에게 말씀하심 같
으니라
3 제사장이 백성에게서 받을 몫은 이러
하니 곧 그 드리는 제물의 소나 양이
나 그 앞다리와 두 볼과 위라 이것을
제사장에게 줄 것이요
4 또 네가 처음 거둔 곡식과 포도주와
기름과 네가 처음 깎은 양털을 네가
그에게 줄 것이니
5 이는 네 하나님 여호와께서 네 모든
지파 중에서 그를 택하여 내시고 그와
그의 자손에게 항상 여호와의 이름으
로 서서 섬기게 하셨음이니라
6 ○ 이스라엘 온 땅 어떤 성읍에든지
거주하는 레위인이 간절한 소원이 있
어 그가 사는 곳을 떠날지라도 여호와
께서 택하신 곳에 이르면
7 여호와 앞에 선 그의 모든 형제 레위
인과 같이 그의 하나님 여호와의 이름
으로 섬길 수 있나니

1】

2】

3】

4】

5】

6】

7】

년 월 일

8 그 사람의 몫은 그들과 같을 것이요
그가 조상의 것을 판 것은 별도의 소
유이니라

다른 민족들의 가증한 행위

9 ○ 네 하나님 여호와께서 네게 주시는
땅에 들어가거든 너는 그 민족들의 가
증한 행위를 본받지 말 것이니
10 그의 아들이나 딸을 불 가운데로 지나
게 하는 자나 점쟁이나 길흉을 말하는
자나 요술하는 자나 무당이나
11 진언자나 신접자나 박수나 초혼자를
너희 가운데에 용납하지 말라
12 이런 일을 행하는 모든 자를 여호와께
서 가증히 여기시나니 이런 가증한 일
로 말미암아 네 하나님 여호와께서 그
들을 네 앞에서 쫓아내시느니라
13 너는 네 하나님 여호와 앞에서 완전
하라
14 네가 쫓아낼 이 민족들은 길흉을 말하
는 자나 점쟁이의 말을 듣거니와 네게
는 네 하나님 여호와께서 이런 일을
용납하지 아니하시느니라

선지자를 일으키실 약속

15 ○ 네 하나님 여호와께서 너희 가운데
네 형제 중에서 너를 위하여 나와 같
은 선지자 하나를 일으키시리니 너희
는 그의 말을 들을지니라

8】

9】

10】

11】

12】

13】

14】

15】

16 이것이 곧 네가 총회의 날에 호렙 산
에서 네 하나님 여호와께 구한 것이라
곧 네가 말하기를 내가 다시는 내 하
나님 여호와의 음성을 듣지 않게 하
시고 다시는 이 큰 불을 보지 않게 하
소서 두렵건대 내가 죽을까 하나이다
하매
17 여호와께서 내게 이르시되 그들의 말
이 옳도다
18 내가 그들의 형제 중에서 너와 같은
선지자 하나를 그들을 위하여 일으키
고 내 말을 그 입에 두리니 내가 그에
게 명령하는 것을 그가 무리에게 다
말하리라
19 누구든지 내 이름으로 전하는 내 말
을 듣지 아니하는 자는 내게 벌을 받
을 것이요
20 만일 어떤 선지자가 내가 전하라고 명
령하지 아니한 말을 제 마음대로 내
이름으로 전하든지 다른 신들의 이름
으로 말하면 그 선지자는 죽임을 당하
리라 하셨느니라
21 네가 마음속으로 이르기를 그 말이 여
호와께서 이르신 말씀인지 우리가 어
떻게 알리요 하리라
22 만일 선지자가 있어 여호와의 이름으
로 말한 일에 증험도 없고 성취함도

16】

17】

18】

19】

20】

21】

22】

없으면 이는 여호와께서 말씀하신 것
이 아니요 그 선지자가 제 마음대로
한 말이니 너는 그를 두려워하지 말
지니라

도피성(민 35:9-28; 수 20:1-9)

19
1 네 하나님 여호와께서 이 여러 민
족을 멸절하시고 네 하나님 여호
와께서 그 땅을 네게 주시므로 네가
그것을 받고 그들의 성읍과 가옥에
거주할 때에
2 네 하나님 여호와께서 네게 기업으로
주신 땅 가운데에서 세 성읍을 너를
위하여 구별하고
3 네 하나님 여호와께서 네게 기업으로
주시는 땅 전체를 세 구역으로 나누
어 길을 닦고 모든 살인자를 그 성읍
으로 도피하게 하라
4 살인자가 그리로 도피하여 살 만한
경우는 이러하니 곧 누구든지 본래
원한이 없이 부지중에 그의 이웃을
죽인 일,
5 가령 사람이 그 이웃과 함께 벌목하
러 삼림에 들어가서 손에 도끼를 들
고 벌목하려고 찍을 때에 도끼가 자
루에서 빠져 그의 이웃을 맞춰 그를
죽게 함과 같은 것이라 이런 사람은

1】

2】

3】

4】

5】

그 성읍 중 하나로 도피하여 생명을
보존할 것이니라
6 그 사람이 그에게 본래 원한이 없으
니 죽이기에 합당하지 아니하나 두렵
건대 그 피를 보복하는 자의 마음이
복수심에 불타서 살인자를 뒤쫓는데
그 가는 길이 멀면 그를 따라 잡아 죽
일까 하노라
7 그러므로 내가 네게 명령하기를 세 성
읍을 너를 위하여 구별하라 하노라
8 네 하나님 여호와께서 네 조상들에게
맹세하신 대로 네 지경을 넓혀 네 조
상들에게 주리라고 말씀하신 땅을 다
네게 주실 때
9 또 너희가 오늘 내가 너희에게 명하
는 이 모든 명령을 지켜 행하여 네 하
나님 여호와를 사랑하고 항상 그의
길로 행할 때에는 이 셋 외에 세 성읍
을 더하여
10 네 하나님 여호와께서 네게 기업으
로 주시는 땅에서 무죄한 피를 흘리
지 말라 이같이 하면 그의 피가 네게
로 돌아가지 아니하리라
11 ○ 그러나 만일 어떤 사람이 그의 이
웃을 미워하여 엎드려 그를 기다리다
가 일어나 상처를 입혀 죽게 하고 이
한 성읍으로 도피하면

6】

7】

8】

9】

10】

11】

12 그 본 성읍 장로들이 사람을 보내어 12】
그를 거기서 잡아다가 보복자의 손에
넘겨 죽이게 할 것이라
13 네 눈이 그를 긍휼히 여기지 말고 무 13】
죄한 피를 흘린 죄를 이스라엘에서 제
하라 그리하면 네게 복이 있으리라

이웃의 경계표를 옮기지 말라

14 ○ 네 하나님 여호와께서 네게 주어 14】
차지하게 하시는 땅 곧 네 소유가 된
기업의 땅에서 조상이 정한 네 이웃
의 경계표를 옮기지 말지니라

두 세 증인의 입으로 하라

15 ○ 사람의 모든 악에 관하여 또한 모 15】
든 죄에 관하여는 한 증인으로만 정
할 것이 아니요 두 증인의 입으로나
또는 세 증인의 입으로 그 사건을 확
정할 것이며
16 만일 위증하는 자가 있어 어떤 사람 16】
이 악을 행하였다고 말하면
17 그 논쟁하는 쌍방이 같이 하나님 앞 17】
에 나아가 그 당시의 제사장과 재판
장 앞에 설 것이요
18 재판장은 자세히 조사하여 그 증인이 18】
거짓 증거하여 그 형제를 거짓으로
모함한 것이 판명되면
19 그가 그의 형제에게 행하려고 꾀한 19】
그대로 그에게 행하여 너희 중에서

악을 제하라
20 그리하면 그 남은 자들이 듣고 두려
워하여 다시는 그런 악을 너희 중에
서 행하지 아니하리라
21 네 눈이 긍휼히 여기지 말라 생명에
는 생명으로, 눈에는 눈으로, 이에는
이로, 손에는 손으로, 발에는 발로이
니라

20】

21】

적군과 싸우려 할 때에

20 1 네가 나가서 적군과 싸우려 할 때
에 말과 병거와 백성이 너보다 많
음을 볼지라도 그들을 두려워하지 말
라 애굽 땅에서 너를 인도하여 내신
네 하나님 여호와께서 너와 함께 하
시느니라
2 너희가 싸울 곳에 가까이 가면 제사
장은 백성에게 나아가서 고하여 그들
에게
3 말하여 이르기를 이스라엘아 들으라
너희가 오늘 너희의 대적과 싸우려고
나아왔으니 마음에 겁내지 말며 두려
워하지 말며 떨지 말며 그들로 말미
암아 놀라지 말라
4 너희 하나님 여호와는 너희와 함께
행하시며 너희를 위하여 너희 적군
과 싸우시고 구원하실 것이라 할 것

1】

2】

3】

4】

이며
5 책임자들은 백성에게 말하여 이르기
를 새 집을 건축하고 낙성식을 행하
지 못한 자가 있느냐 그는 집으로 돌
아갈지니 전사하면 타인이 낙성식을
행할까 하노라
6 포도원을 만들고 그 과실을 먹지 못
한 자가 있느냐 그는 집으로 돌아갈
지니 전사하면 타인이 그 과실을 먹
을까 하노라
7 여자와 약혼하고 그와 결혼하지 못한
자가 있느냐 그는 집으로 돌아갈지니
전사하면 타인이 그를 데려갈까 하노
라 하고
8 책임자들은 또 백성에게 말하여 이
르기를 두려워서 마음이 허약한 자가
있느냐 그는 집으로 돌아갈지니 그의
형제들의 마음도 그의 마음과 같이
낙심될까 하노라 하고
9 백성에게 이르기를 마친 후에 군대의
지휘관들을 세워 무리를 거느리게 할
지니라
10 ○ 네가 어떤 성읍으로 나아가서 치
려 할 때에는 그 성읍에 먼저 화평을
선언하라
11 그 성읍이 만일 화평하기로 회답하고
너를 향하여 성문을 열거든 그 모든

5】

6】

7】

8】

9】

10】

11】

주민들에게 네게 조공을 바치고 너를
섬기게 할 것이요
12 만일 너와 화평하기를 거부하고 너를
대적하여 싸우려 하거든 너는 그 성
읍을 에워쌀 것이며
13 네 하나님 여호와께서 그 성읍을 네
손에 넘기시거든 너는 칼날로 그 안
의 남자를 다 쳐죽이고
14 너는 오직 여자들과 유아들과 가축들
과 성읍 가운데에 있는 모든 것을 너
를 위하여 탈취물로 삼을 것이며 너
는 네 하나님 여호와께서 네게 주신
적군에게서 빼앗은 것을 먹을지니라
15 네가 네게서 멀리 떠난 성읍들 곧 이
민족들에게 속하지 아니한 성읍들에
게는 이같이 행하려니와
16 오직 네 하나님 여호와께서 네게 기
업으로 주시는 이 민족들의 성읍에서
는 호흡 있는 자를 하나도 살리지 말
지니
17 곧 헷 족속과 아모리 족속과 가나안
족속과 브리스 족속과 히위 족속과
여부스 족속을 네가 진멸하되 네 하
나님 여호와께서 네게 명령하신 대로
하라
18 이는 그들이 그 신들에게 행하는 모
든 가증한 일을 너희에게 가르쳐 본

12】
13】
14】
15】
16】
17】
18】

받게 하여 너희가 너희의 하나님 여
호와께 범죄하게 할까 함이니라
19 ○ 너희가 어떤 성읍을 오랫동안 에
워싸고 그 성읍을 쳐서 점령하려 할
때에도 도끼를 둘러 그 곳의 나무를
찍어내지 말라 이는 너희가 먹을 것
이 될 것임이니 찍지 말라 들의 수목
이 사람이냐 너희가 어찌 그것을 에
워싸겠느냐
20 다만 과목이 아닌 수목은 찍어내어
너희와 싸우는 그 성읍을 치는 기구
를 만들어 그 성읍을 함락시킬 때까
지 쓸지니라

19】

20】

죽인 자를 알지 못하거든

21

1 네 하나님 여호와께서 네게 주어
차지하게 하신 땅에서 피살된 시체
가 들에 엎드러진 것을 발견하고 그
쳐죽인 자가 누구인지 알지 못하거든
2 너희의 장로들과 재판장들은 나가서
그 피살된 곳의 사방에 있는 성읍의
원근을 잴 것이요
3 그 피살된 곳에서 제일 가까운 성읍의
장로들이 그 성읍에서 아직 부리지 아
니하고 멍에를 메지 아니한 암송아지
를 취하여
4 그 성읍의 장로들이 물이 항상 흐르고

1】

2】

3】

4】

갈지도 않고 씨를 뿌린 일도 없는 골
짜기로 그 송아지를 끌고 가서 그 골
짜기에서 그 송아지의 목을 꺾을 것
이요
5 레위 자손 제사장들도 그리로 갈지니
그들은 네 하나님 여호와께서 택하
사 자기를 섬기게 하시며 또 여호와
의 이름으로 축복하게 하신 자라 모
든 소송과 모든 투쟁이 그들의 말대
로 판결될 것이니라
6 그 피살된 곳에서 제일 가까운 성읍
의 모든 장로들은 그 골짜기에서 목
을 꺾은 암송아지 위에 손을 씻으며
7 말하기를 우리의 손이 이 피를 흘리
지 아니하였고 우리의 눈이 이것을
보지도 못하였나이다
8 여호와여 주께서 속량하신 주의 백성
이스라엘을 사하시고 무죄한 피를 주
의 백성 이스라엘 중에 머물러 두지
마옵소서 하면 그 피 흘린 죄가 사함
을 받으리니
9 너는 이와 같이 여호와께서 보시기에
정직한 일을 행하여 무죄한 자의 피
흘린 죄를 너희 중에서 제할지니라

여자 포로를 아내로 삼는 규정

10 ○ 네가 나가서 적군과 싸울 때에 네
하나님 여호와께서 그들을 네 손에

5】

6】

7】

8】

9】

10】

넘기시므로 네가 그들을 사로잡은
후에
11 네가 만일 그 포로 중의 아리따운 여
자를 보고 그에게 연연하여 아내를
삼고자 하거든
12 그를 네 집으로 데려갈 것이요 그는
그 머리를 밀고 손톱을 베고
13 또 포로의 의복을 벗고 네 집에 살며
그 부모를 위하여 한 달 동안 애곡한
후에 네가 그에게로 들어가서 그의 남
편이 되고 그는 네 아내가 될 것이요
14 그 후에 네가 그를 기뻐하지 아니하
거든 그의 마음대로 가게 하고 결코
돈을 받고 팔지 말지라 네가 그를 욕
보였은즉 종으로 여기지 말지니라

장자의 상속권

15 ○ 어떤 사람이 두 아내를 두었는데
하나는 사랑을 받고 하나는 미움을 받
다가 그 사랑을 받는 자와 미움을 받
는 자가 둘 다 아들을 낳았다 하자 그
미움을 받는 자의 아들이 장자이면
16 자기의 소유를 그의 아들들에게 기업
으로 나누는 날에 그 사랑을 받는 자
의 아들을 장자로 삼아 참 장자 곧 미
움을 받는 자의 아들보다 앞세우지
말고
17 반드시 그 미움을 받는 자의 아들을

11】
12】
13】
14】
15】
16】
17】

장자로 인정하여 자기의 소유에서 그
에게는 두 몫을 줄 것이니 그는 자기
의 기력의 시작이라 장자의 권리가
그에게 있음이니라

패역한 아들에게 내리는 벌

18 ○ 사람에게 완악하고 패역한 아들이
있어 그의 아버지의 말이나 그 어머
니의 말을 순종하지 아니하고 부모가
징계하여도 순종하지 아니하거든
19 그의 부모가 그를 끌고 성문에 이르
러 그 성읍 장로들에게 나아가서
20 그 성읍 장로들에게 말하기를 우리
의 이 자식은 완악하고 패역하여 우
리 말을 듣지 아니하고 방탕하며 술
에 잠긴 자라 하면
21 그 성읍의 모든 사람들이 그를 돌로
쳐죽일지니 이같이 네가 너희 중에서
악을 제하라 그리하면 온 이스라엘이
듣고 두려워하리라

기타 규정

22 ○ 사람이 만일 죽을 죄를 범하므로
네가 그를 죽여 나무 위에 달거든
23 그 시체를 나무 위에 밤새도록 두지
말고 그 날에 장사하여 네 하나님 여
호와께서 네게 기업으로 주시는 땅을
더럽히지 말라 나무에 달린 자는 하
나님께 저주를 받았음이니라

18】

19】

20】

21】

22】

23】

22 1 네 형제의 소나 양이 길 잃은 것을
보거든 못 본 체하지 말고 너는 반
드시 그것들을 끌어다가 네 형제에게
돌릴 것이요
2 네 형제가 네게서 멀거나 또는 네가
그를 알지 못하거든 그 짐승을 네 집
으로 끌고 가서 네 형제가 찾기까지
네게 두었다가 그에게 돌려 줄지니
3 나귀라도 그리하고 의복이라도 그리
하고 형제가 잃어버린 어떤 것이든지
네가 얻거든 다 그리하고 못 본 체하
지 말 것이며
4 네 형제의 나귀나 소가 길에 넘어진
것을 보거든 못 본 체하지 말고 너는
반드시 형제를 도와 그것들을 일으킬
지니라
5 ○ 여자는 남자의 의복을 입지 말 것
이요 남자는 여자의 의복을 입지 말
것이라 이같이 하는 자는 네 하나님
여호와께 가증한 자이니라
6 ○ 길을 가다가 나무에나 땅에 있는
새의 보금자리에 새 새끼나 알이 있
고 어미 새가 그의 새끼나 알을 품은
것을 보거든 그 어미 새와 새끼를 아
울러 취하지 말고
7 어미는 반드시 놓아 줄 것이요 새끼
는 취하여도 되나니 그리하면 네가

1】

2】

3】

4】

5】

6】

7】

복을 누리고 장수하리라

8 ○ 네가 새 집을 지을 때에 지붕에 난
간을 만들어 사람이 떨어지지 않게
하라 그 피가 네 집에 돌아갈까 하
노라

9 ○ 네 포도원에 두 종자를 섞어 뿌리
지 말라 그리하면 네가 뿌린 씨의 열
매와 포도원의 소산을 다 빼앗길까
하노라

10 너는 소와 나귀를 겨리하여 갈지 말며

11 양 털과 베 실로 섞어 짠 것을 입지 말
지니라

12 ○ 너희는 너희가 입는 겉옷의 네 귀
에 술을 만들지니라

순결에 관한 법

13 ○ 누구든지 아내를 맞이하여 그에게
들어간 후에 그를 미워하여

14 비방거리를 만들어 그에게 누명을 씌
워 이르되 내가 이 여자를 맞이하였더
니 그와 동침할 때에 그가 처녀임을
보지 못하였노라 하면

15 그 처녀의 부모가 그 처녀의 처녀인
표를 얻어가지고 그 성문 장로들에게
로 가서

16 처녀의 아버지가 장로들에게 말하기
를 내 딸을 이 사람에게 아내로 주었
더니 그가 미워하여

8】

9】

10】

11】

12】

13】

14】

15】

16】

17 비방거리를 만들어 말하기를 내가 네
딸에게서 처녀임을 보지 못하였노라
하나 보라 내 딸의 처녀의 표적이 이
것이라 하고 그 부모가 그 자리옷을
그 성읍 장로들 앞에 펼 것이요
18 그 성읍 장로들은 그 사람을 잡아 때
리고
19 이스라엘 처녀에게 누명을 씌움으로
말미암아 그에게서 은 일백 세겔을
벌금으로 받아 여자의 아버지에게 주
고 그 여자는 그 남자가 평생에 버릴
수 없는 아내가 되게 하려니와
20 그 일이 참되어 그 처녀에게 처녀의
표적이 없거든
21 그 처녀를 그의 아버지 집 문에서 끌
어내고 그 성읍 사람들이 그를 돌로
쳐죽일지니 이는 그가 그의 아버지
집에서 창기의 행동을 하여 이스라엘
중에서 악을 행하였음이라 너는 이와
같이 하여 너희 가운데서 악을 제할
지니라
22 ○ 어떤 남자가 유부녀와 동침한 것
이 드러나거든 그 동침한 남자와 그
여자를 둘 다 죽여 이스라엘 중에 악
을 제할지니라
23 ○ 처녀인 여자가 남자와 약혼한 후
에 어떤 남자가 그를 성읍 중에서 만

17】

18】

19】

20】

21】

22】

23】

나 동침하면

24 너희는 그들을 둘 다 성읍 문으로 끌
어내고 그들을 돌로 쳐죽일 것이니
그 처녀는 성안에 있으면서도 소리
지르지 아니하였음이요 그 남자는 그
이웃의 아내를 욕보였음이라 너는 이
같이 하여 너희 가운데에서 악을 제
할지니라

25 ○ 만일 남자가 어떤 약혼한 처녀를
들에서 만나서 강간하였으면 그 강간
한 남자만 죽일 것이요

26 처녀에게는 아무것도 행하지 말 것은
처녀에게는 죽일 죄가 없음이라 이
일은 사람이 일어나 그 이웃을 쳐죽
인 것과 같은 것이라

27 남자가 처녀를 들에서 만난 까닭에
그 약혼한 처녀가 소리질러도 구원할
자가 없었음이니라

28 ○ 만일 남자가 약혼하지 아니한 처
녀를 만나 그를 붙들고 동침하는 중
에 그 두 사람이 발견되면

29 그 동침한 남자는 그 처녀의 아버지
에게 은 오십 세겔을 주고 그 처녀를
아내로 삼을 것이라 그가 그 처녀를
욕보였은즉 평생에 그를 버리지 못하
리라

30 ○ 사람이 그의 아버지의 아내를 취

24】

25】

26】

27】

28】

29】

30】

하여 아버지의 하체를 드러내지 말지
니라

총회에 들어오지 못하는 사람들

23 1 고환이 상한 자나 음경이 잘린 자
는 여호와의 총회에 들어오지 못하
리라
2 ○ 사생자는 여호와의 총회에 들어
오지 못하리니 십 대에 이르기까지도
여호와의 총회에 들어오지 못하리라
3 ○ 암몬 사람과 모압 사람은 여호와
의 총회에 들어오지 못하리니 그들에
게 속한 자는 십 대뿐 아니라 영원히
여호와의 총회에 들어오지 못하리라
4 그들은 너희가 애굽에서 나올 때에 떡
과 물로 너희를 길에서 영접하지 아
니하고 메소보다미아의 브돌 사람 브
올의 아들 발람에게 뇌물을 주어 너
희를 저주하게 하려 하였으나
5 네 하나님 여호와께서 너를 사랑하
시므로 네 하나님 여호와께서 발람의
말을 듣지 아니하시고 네 하나님 여
호와께서 그 저주를 변하여 복이 되
게 하셨나니
6 네 평생에 그들의 평안함과 형통함을
영원히 구하지 말지니라
7 ○ 너는 에돔 사람을 미워하지 말라

1】

2】

3】

4】

5】

6】

7】

그는 네 형제임이니라 애굽 사람을
미워하지 말라 네가 그의 땅에서 객
이 되었음이니라
8 그들의 삼 대 후 자손은 여호와의 총
회에 들어올 수 있느니라

진영을 거룩하게 하는 법

9 ○ 네가 적군을 치러 출진할 때에 모
든 악한 일을 스스로 삼갈지니
10 너희 중에 누가 밤에 몽설함으로 부
정하거든 진영 밖으로 나가고 진영
안에 들어오지 아니하다가
11 해 질 때에 목욕하고 해 진 후에 진에
들어올 것이요
12 네 진영 밖에 변소를 마련하고 그리
로 나가되
13 네 기구에 작은 삽을 더하여 밖에 나
가서 대변을 볼 때에 그것으로 땅을
팔 것이요 몸을 돌려 그 배설물을 덮
을지니
14 이는 네 하나님 여호와께서 너를 구
원하시고 적군을 네게 넘기시려고 네
진영 중에 행하심이라 그러므로 네
진영을 거룩히 하라 그리하면 네게
서 불결한 것을 보시지 않으므로 너
를 떠나지 아니하시리라

기타 규정

15 ○ 종이 그의 주인을 피하여 네게로

8】
9】
10】
11】
12】
13】
14】
15】

도망하거든 너는 그의 주인에게 돌려
주지 말고
16 그가 네 성읍 중에서 원하는 곳을
택하는 대로 너와 함께 네 가운데
에 거주하게 하고 그를 압제하지 말
지니라
17 ○ 이스라엘 여자 중에 창기가 있지
못할 것이요 이스라엘 남자 중에 남
창이 있지 못할지니
18 창기가 번 돈과 개 같은 자의 소득은
어떤 서원하는 일로든지 네 하나님
여호와의 전에 가져오지 말라 이 둘
은 다 네 하나님 여호와께 가증한 것
임이니라
19 ○ 네가 형제에게 꾸어주거든 이자를
받지 말지니 곧 돈의 이자, 식물의 이
자, 이자를 낼 만한 모든 것의 이자를
받지 말 것이라
20 타국인에게 네가 꾸어주면 이자를 받
아도 되거니와 네 형제에게 꾸어주거
든 이자를 받지 말라 그리하면 네 하
나님 여호와께서 네가 들어가서 차지
할 땅에서 네 손으로 하는 범사에 복
을 내리시리라
21 ○ 네 하나님 여호와께 서원하거든
갚기를 더디하지 말라 네 하나님 여
호와께서 반드시 그것을 네게 요구하

16】

17】

18】

19】

20】

21】

시리니 더디면 그것이 네게 죄가 될
것이라
22 네가 서원하지 아니하였으면 무죄하
리라 그러나
23 네 입으로 말한 것은 그대로 실행하
도록 유의하라 무릇 자원한 예물은
네 하나님 여호와께 네가 서원하여
입으로 언약한 대로 행할지니라
24 ○ 네 이웃의 포도원에 들어갈 때에
는 마음대로 그 포도를 배불리 먹어
도 되느니라 그러나 그릇에 담지는
말 것이요
25 네 이웃의 곡식밭에 들어갈 때에는
네가 손으로 그 이삭을 따도 되느니
라 그러나 네 이웃의 곡식밭에 낫을
대지는 말지니라

22】

23】

24】

25】

이혼과 재혼

24 1 사람이 아내를 맞이하여 데려온
후에 그에게 수치되는 일이 있음을
발견하고 그를 기뻐하지 아니하면 이
혼 증서를 써서 그의 손에 주고 그를
자기 집에서 내보낼 것이요
2 그 여자는 그의 집에서 나가서 다른
사람의 아내가 되려니와
3 그의 둘째 남편도 그를 미워하여 이
혼 증서를 써서 그의 손에 주고 그

1】

2】

3】

를 자기 집에서 내보냈거나 또는 그
를 아내로 맞이한 둘째 남편이 죽었
다 하자
4 그 여자는 이미 몸을 더럽혔은즉 그
를 내보낸 전남편이 그를 다시 아내
로 맞이하지 말지니 이 일은 여호와
앞에 가증한 것이라 너는 네 하나님
여호와께서 네게 기업으로 주시는 땅
을 범죄하게 하지 말지니라

기타 규정

5 ○ 사람이 새로이 아내를 맞이하였
으면 그를 군대로 내보내지 말 것이
요 아무 직무도 그에게 맡기지 말 것
이며 그는 일 년 동안 한가하게 집에
있으면서 그가 맞이한 아내를 즐겁게
할지니라
6 ○ 사람이 맷돌이나 그 위짝을 전당
잡지 말지니 이는 그 생명을 전당 잡
음이니라
7 ○ 사람이 자기 형제 곧 이스라엘 자
손 중 한 사람을 유인하여 종으로 삼
거나 판 것이 발견되면 그 유인한 자
를 죽일지니 이같이 하여 너희 중에
서 악을 제할지니라
8 ○ 너는 나병에 대하여 삼가서 레위
사람 제사장들이 너희에게 가르치는
대로 네가 힘써 다 지켜 행하되 너희

4】

5】

6】

7】

8】

는 내가 그들에게 명령한 대로 지켜
행하라
9 너희는 애굽에서 나오는 길에서 네
하나님 여호와께서 미리암에게 행하
신 일을 기억할지니라
10 ○ 네 이웃에게 무엇을 꾸어줄 때에
너는 그의 집에 들어가서 전당물을
취하지 말고
11 너는 밖에 서 있고 네게 꾸는 자가 전
당물을 밖으로 가지고 나와서 네게
줄 것이며
12 그가 가난한 자이면 너는 그의 전당
물을 가지고 자지 말고
13 해 질 때에 그 전당물을 반드시 그에
게 돌려줄 것이라 그리하면 그가 그
옷을 입고 자며 너를 위하여 축복하
리니 그 일이 네 하나님 여호와 앞에
서 네 공의로움이 되리라
14 ○ 곤궁하고 빈한한 품꾼은 너희 형
제든지 네 땅 성문 안에 우거하는 객
이든지 그를 학대하지 말며
15 그 품삯을 당일에 주고 해 진 후까지
미루지 말라 이는 그가 가난하므로
그 품삯을 간절히 바람이라 그가 너
를 여호와께 호소하지 않게 하라 그
렇지 않으면 그것이 네게 죄가 될 것
임이라

9】

10】

11】

12】

13】

14】

15】

16 ○ 아버지는 그 자식들로 말미암아
죽임을 당하지 않을 것이요 자식들은
그 아버지로 말미암아 죽임을 당하지
않을 것이니 각 사람은 자기 죄로 말
미암아 죽임을 당할 것이니라

17 ○ 너는 객이나 고아의 송사를 억울
하게 하지 말며 과부의 옷을 전당 잡
지 말라

18 너는 애굽에서 종 되었던 일과 네 하
나님 여호와께서 너를 거기서 속량하
신 것을 기억하라 이러므로 내가 네
게 이 일을 행하라 명령하노라

19 ○ 네가 밭에서 곡식을 벨 때에 그 한
뭇을 밭에 잊어버렸거든 다시 가서
가져오지 말고 나그네와 고아와 과부
를 위하여 남겨두라 그리하면 네 하
나님 여호와께서 네 손으로 하는 모
든 일에 복을 내리시리라

20 네가 네 감람나무를 떤 후에 그 가지
를 다시 살피지 말고 그 남은 것은 객
과 고아와 과부를 위하여 남겨두며

21 네가 네 포도원의 포도를 딴 후에 그
남은 것을 다시 따지 말고 객과 고아
와 과부를 위하여 남겨두라

22 너는 애굽 땅에서 종 되었던 것을 기
억하라 이러므로 내가 네게 이 일을
행하라 명령하노라

16】

17】

18】

19】

20】

21】

22】

25

1 사람들 사이에 시비가 생겨 재판
을 청하면 재판장은 그들을 재판
하여 의인은 의롭다 하고 악인은 정
죄할 것이며
2 악인에게 태형이 합당하면 재판장은
그를 엎드리게 하고 그 앞에서 그의
죄에 따라 수를 맞추어 때리게 하라
3 사십까지는 때리려니와 그것을 넘기
지는 못할지니 만일 그것을 넘겨 매를
지나치게 때리면 네가 네 형제를 경히
여기는 것이 될까 하노라
4 ○ 곡식 떠는 소에게 망을 씌우지 말
지니라

죽은 형제에 대한 의무

5 ○ 형제들이 함께 사는데 그 중 하나
가 죽고 아들이 없거든 그 죽은 자의
아내는 나가서 타인에게 시집 가지 말
것이요 그의 남편의 형제가 그에게로
들어가서 그를 맞이하여 아내로 삼아
그의 남편의 형제 된 의무를 그에게
다 행할 것이요
6 그 여인이 낳은 첫 아들이 그 죽은 형
제의 이름을 잇게 하여 그 이름이 이
스라엘 중에서 끊어지지 않게 할 것
이니라
7 그러나 그 사람이 만일 그 형제의 아
내 맞이하기를 즐겨하지 아니하면 그

1】

2】

3】

4】

5】

6】

7】

형제의 아내는 그 성문으로 장로들에
게로 나아가서 말하기를 내 남편의
형제가 그의 형제의 이름을 이스라
엘 중에 잇기를 싫어하여 남편의 형
제 된 의무를 내게 행하지 아니하나
이다 할 것이요
8 그 성읍 장로들은 그를 불러다가 말
할 것이며 그가 이미 정한 뜻대로 말
하기를 내가 그 여자를 맞이하기를
즐겨하지 아니하노라 하면
9 그의 형제의 아내가 장로들 앞에서 그
에게 나아가서 그의 발에서 신을 벗기
고 그의 얼굴에 침을 뱉으며 이르기를
그의 형제의 집을 세우기를 즐겨 아니
하는 자에게는 이같이 할 것이라 하고
10 이스라엘 중에서 그의 이름을 신 벗
김 받은 자의 집이라 부를 것이니라

다른 법

11 ○ 두 사람이 서로 싸울 때에 한 사람
의 아내가 그 치는 자의 손에서 그의
남편을 구하려 하여 가까이 가서 손
을 벌려 그 사람의 음낭을 잡거든
12 너는 그 여인의 손을 찍어버릴 것이고
네 눈이 그를 불쌍히 여기지 말지니라
13 ○ 너는 네 주머니에 두 종류의 저울
추 곧 큰 것과 작은 것을 넣지 말 것
이며

8】

9】

10】

11】

12】

13】

14 네 집에 두 종류의 되 곧 큰 것과 작은
것을 두지 말 것이요
15 오직 온전하고 공정한 저울추를 두며
온전하고 공정한 되를 둘 것이라 그
리하면 네 하나님 여호와께서 네게
주시는 땅에서 네 날이 길리라
16 이런 일들을 행하는 모든 자, 악을 행
하는 모든 자는 네 하나님 여호와께
가증하니라

아말렉에 대한 기억을 지워버리라

17 ○ 너희는 애굽에서 나오는 길에 아
말렉이 네게 행한 일을 기억하라
18 곧 그들이 너를 길에서 만나 네가 피
곤할 때에 네 뒤에 떨어진 약한 자들
을 쳤고 하나님을 두려워하지 아니하
였느니라
19 그러므로 네 하나님 여호와께서 네게
기업으로 주어 차지하게 하시는 땅에
서 네 하나님 여호와께서 사방에 있는
모든 적군으로부터 네게 안식을 주실
때에 너는 천하에서 아말렉에 대한 기
억을 지워버리라 너는 잊지 말지니라

14】

15】

16】

17】

18】

19】

토지 소산

26 1 네 하나님 여호와께서 네게 기업
으로 주어 차지하게 하실 땅에 네
가 들어가서 거기에 거주할 때에

1】

년 월 일

2 네 하나님 여호와께서 네게 주신 땅
에서 그 토지의 모든 소산의 맏물을
거둔 후에 그것을 가져다가 광주리에
담고 네 하나님 여호와께서 그의 이
름을 두시려고 택하신 곳으로 그것을
가지고 가서
3 그 때의 제사장에게 나아가 그에게 이
르기를 내가 오늘 당신의 하나님 여
호와께 아뢰나이다 내가 여호와께서
우리에게 주시겠다고 우리 조상들에
게 맹세하신 땅에 이르렀나이다 할 것
이요
4 제사장은 네 손에서 그 광주리를 받
아서 네 하나님 여호와의 제단 앞에
놓을 것이며
5 너는 또 네 하나님 여호와 앞에 아뢰
기를 내 조상은 방랑하는 아람 사람
으로서 애굽에 내려가 거기에서 소수
로 거류하였더니 거기에서 크고 강하
고 번성한 민족이 되었는데
6 애굽 사람이 우리를 학대하며 우리
를 괴롭히며 우리에게 중노동을 시
키므로
7 우리가 우리 조상의 하나님 여호와
께 부르짖었더니 여호와께서 우리 음
성을 들으시고 우리의 고통과 신고와
압제를 보시고

2】

3】

4】

5】

6】

7】

8 여호와께서 강한 손과 편 팔과 큰 위
엄과 이적과 기사로 우리를 애굽에서
인도하여 내시고
9 이곳으로 인도하사 이 땅 곧 젖과 꿀
이 흐르는 땅을 주셨나이다
10 여호와여 이제 내가 주께서 내게 주
신 토지 소산의 맏물을 가져왔나이다
하고 너는 그것을 네 하나님 여호와
앞에 두고 네 하나님 여호와 앞에 경
배할 것이며
11 네 하나님 여호와께서 너와 네 집에
주신 모든 복으로 말미암아 너는 레
위인과 너희 가운데에 거류하는 객과
함께 즐거워할지니라
12 ○ 셋째 해 곧 십일조를 드리는 해에
네 모든 소산의 십일조 내기를 마친
후에 그것을 레위인과 객과 고아와
과부에게 주어 네 성읍 안에서 먹고
배부르게 하라
13 그리 할 때에 네 하나님 여호와 앞에
아뢰기를 내가 성물을 내 집에서 내어
레위인과 객과 고아와 과부에게 주기
를 주께서 내게 명령하신 명령대로 하
였사오니 내가 주의 명령을 범하지도
아니하였고 잊지도 아니하였나이다
14 내가 애곡하는 날에 이 성물을 먹지
아니하였고 부정한 몸으로 이를 떼어

8】

9】

10】

11】

12】

13】

14】

두지 아니하였고 죽은 자를 위하여
이를 쓰지 아니하였고 내 하나님 여
호와의 말씀을 청종하여 주께서 내게
명령하신 대로 다 행하였사오니
15 원하건대 주의 거룩한 처소 하늘에서
보시고 주의 백성 이스라엘에게 복을
주시며 우리 조상들에게 맹세하여 우
리에게 주신 젖과 꿀이 흐르는 땅에
복을 내리소서 할지니라

하나님의 보배로운 백성

16 ○ 오늘 네 하나님 여호와께서 이 규
례와 법도를 행하라고 네게 명령하시
나니 그런즉 너는 마음을 다하고 뜻
을 다하여 지켜 행하라
17 네가 오늘 여호와를 네 하나님으로
인정하고 또 그 도를 행하고 그의 규
례와 명령과 법도를 지키며 그의 소
리를 들으라
18 여호와께서도 네게 말씀하신 대로 오
늘 너를 그의 보배로운 백성이 되게
하시고 그의 모든 명령을 지키라 확
언하셨느니라
19 그런즉 여호와께서 너를 그 지으신
모든 민족 위에 뛰어나게 하사 찬송
과 명예와 영광을 삼으시고 그가 말
씀하신 대로 너를 네 하나님 여호와
의 성민이 되게 하시리라

15】

16】

17】

18】

19】

돌 위에 기록한 율법

27

1 모세와 이스라엘 장로들이 백성
에게 명령하여 이르되 내가 오늘
너희에게 명령하는 이 명령을 너희는
다 지킬지니라
2 너희가 요단을 건너 네 하나님 여호와
께서 네게 주시는 땅에 들어가는 날에
큰 돌들을 세우고 석회를 바르라
3 요단을 건넌 후에 이 율법의 모든 말
씀을 그 위에 기록하라 그리하면 네
하나님 여호와께서 네게 주시는 땅
곧 젖과 꿀이 흐르는 땅에 네가 들어
가기를 네 조상들의 하나님 여호와께
서 네게 말씀하신 대로 하리라
4 너희가 요단을 건너거든 내가 오늘
너희에게 명령하는 이 돌들을 에발
산에 세우고 그 위에 석회를 바를 것
이며
5 또 거기서 네 하나님 여호와를 위하
여 제단 곧 돌단을 쌓되 그것에 쇠 연
장을 대지 말지니라
6 너는 다듬지 않은 돌로 네 하나님 여
호와의 제단을 쌓고 그 위에 네 하나
님 여호와께 번제를 드릴 것이며
7 또 화목제를 드리고 거기에서 먹으
며 네 하나님 여호와 앞에서 즐거워
하라

1】

2】

3】

4】

5】

6】

7】

8 너는 이 율법의 모든 말씀을 그 돌
들 위에 분명하고 정확하게 기록할
지니라
9 ○ 모세와 레위 제사장들이 온 이스
라엘에게 말하여 이르되 이스라엘아
잠잠하여 들으라 오늘 네가 네 하나
님 여호와의 백성이 되었으니
10 그런즉 네 하나님 여호와의 말씀을
청종하여 내가 오늘 네게 명령하는
그 명령과 규례를 행할지니라

에발 산에서 선포한 저주

11 ○ 모세가 그 날 백성에게 명령하여
이르되
12 너희가 요단을 건넌 후에 시므온과
레위와 유다와 잇사갈과 요셉과 베냐
민은 백성을 축복하기 위하여 그리심
산에 서고
13 르우벤과 갓과 아셀과 스불론과 단과
납달리는 저주하기 위하여 에발 산에
서고
14 레위 사람은 큰 소리로 이스라엘 모
든 사람에게 말하여 이르기를
15 장색의 손으로 조각하였거나 부어 만
든 우상은 여호와께 가증하니 그것을
만들어 은밀히 세우는 자는 저주를
받을 것이라 할 것이요 모든 백성은
응답하여 말하되 아멘 할지니라

8】

9】

10】

11】

12】

13】

14】

15】

년 월 일

16 ○ 그의 부모를 경홀히 여기는 자는
저주를 받을 것이라 할 것이요 모든
백성은 아멘 할지니라
17 ○ 그의 이웃의 경계표를 옮기는 자
는 저주를 받을 것이라 할 것이요 모
든 백성은 아멘 할지니라
18 ○ 맹인에게 길을 잃게 하는 자는 저
주를 받을 것이라 할 것이요 모든 백
성은 아멘 할지니라
19 ○ 객이나 고아나 과부의 송사를 억
울하게 하는 자는 저주를 받을 것이
라 할 것이요 모든 백성은 아멘 할지
니라
20 ○ 그의 아버지의 아내와 동침하는
자는 그의 아버지의 하체를 드러냈으
니 저주를 받을 것이라 할 것이요 모
든 백성은 아멘 할지니라
21 ○ 짐승과 교합하는 모든 자는 저주
를 받을 것이라 할 것이요 모든 백성
은 아멘 할지니라
22 ○ 그의 자매 곧 그의 아버지의 딸이
나 어머니의 딸과 동침하는 자는 저
주를 받을 것이라 할 것이요 모든 백
성은 아멘 할지니라
23 ○ 장모와 동침하는 자는 저주를 받
을 것이라 할 것이요 모든 백성은 아
멘 할지니라

16】

17】

18】

19】

20】

21】

22】

23】

24 ○ 그의 이웃을 암살하는 자는 저주
를 받을 것이라 할 것이요 모든 백성
은 아멘 할지니라
25 ○ 무죄한 자를 죽이려고 뇌물을 받
는 자는 저주를 받을 것이라 할 것이
요 모든 백성은 아멘 할지니라
26 ○ 이 율법의 말씀을 실행하지 아니
하는 자는 저주를 받을 것이라 할 것
이요 모든 백성은 아멘 할지니라

24】

25】

26】

순종하여 받는 복(레 26:3-13; 신 7:12-24)

28 1 네가 네 하나님 여호와의 말씀을
삼가 듣고 내가 오늘 네게 명령하
는 그의 모든 명령을 지켜 행하면 네
하나님 여호와께서 너를 세계 모든
민족 위에 뛰어나게 하실 것이라
2 네가 네 하나님 여호와의 말씀을 청
종하면 이 모든 복이 네게 임하며 네
게 이르리니
3 성읍에서도 복을 받고 들에서도 복을
받을 것이며
4 네 몸의 자녀와 네 토지의 소산과 네
짐승의 새끼와 소와 양의 새끼가 복
을 받을 것이며
5 네 광주리와 떡 반죽 그릇이 복을 받
을 것이며
6 네가 들어와도 복을 받고 나가도 복

1】

2】

3】

4】

5】

6】

을 받을 것이니라

7 ○ 여호와께서 너를 대적하기 위해
일어난 적군들을 네 앞에서 패하게
하시리라 그들이 한 길로 너를 치러
들어왔으나 네 앞에서 일곱 길로 도
망하리라

8 여호와께서 명령하사 네 창고와 네
손으로 하는 모든 일에 복을 내리시
고 네 하나님 여호와께서 네게 주시
는 땅에서 네게 복을 주실 것이며

9 여호와께서 네게 맹세하신 대로 너를
세워 자기의 성민이 되게 하시리니
이는 네가 네 하나님 여호와의 명령
을 지켜 그 길로 행할 것임이니라

10 땅의 모든 백성이 여호와의 이름이
너를 위하여 불리는 것을 보고 너를
두려워하리라

11 여호와께서 네게 주리라고 네 조상들
에게 맹세하신 땅에서 네게 복을 주
사 네 몸의 소생과 가축의 새끼와 토
지의 소산을 많게 하시며

12 여호와께서 너를 위하여 하늘의 아름
다운 보고를 여시사 네 땅에 때를 따
라 비를 내리시고 네 손으로 하는 모
든 일에 복을 주시리니 네가 많은 민
족에게 꾸어줄지라도 너는 꾸지 아니
할 것이요

7】

8】

9】

10】

11】

12】

13 여호와께서 너를 머리가 되고 꼬리가
되지 않게 하시며 위에만 있고 아래
에 있지 않게 하시리니 오직 너는 내
가 오늘 네게 명령하는 네 하나님 여
호와의 명령을 듣고 지켜 행하며
14 내가 오늘 너희에게 명령하는 그 말
씀을 떠나 좌로나 우로나 치우치지
아니하고 다른 신을 따라 섬기지 아
니하면 이와 같으리라
15 네가 만일 네 하나님 여호와의 말씀
을 순종하지 아니하여 내가 오늘 네
게 명령하는 그의 모든 명령과 규례
를 지켜 행하지 아니하면 이 모든 저
주가 네게 임하며 네게 이를 것이니
16 네가 성읍에서도 저주를 받으며 들에
서도 저주를 받을 것이요
17 또 네 광주리와 떡 반죽 그릇이 저주
를 받을 것이요
18 네 몸의 소생과 네 토지의 소산과 네
소와 양의 새끼가 저주를 받을 것이며
19 네가 들어와도 저주를 받고 나가도
저주를 받으리라

불순종하여 받는 저주

20 ○ 네가 악을 행하여 그를 잊으므로
네 손으로 하는 모든 일에 여호와께
서 저주와 혼란과 책망을 내리사 망
하며 속히 파멸하게 하실 것이며

13】

14】

15】

16】

17】

18】

19】

20】

21 여호와께서 네 몸에 염병이 들게 하
사 네가 들어가 차지할 땅에서 마침
내 너를 멸하실 것이며
22 여호와께서 폐병과 열병과 염증과 학
질과 한재와 풍재와 썩는 재앙으로
너를 치시리니 이 재앙들이 너를 따
라서 너를 진멸하게 할 것이라
23 네 머리 위의 하늘은 놋이 되고 네 아
래의 땅은 철이 될 것이며
24 여호와께서 비 대신에 티끌과 모래
를 네 땅에 내리시리니 그것들이 하
늘에서 네 위에 내려 마침내 너를 멸
하리라
25 ○ 여호와께서 네 적군 앞에서 너를
패하게 하시리니 네가 그들을 치러
한 길로 나가서 그들 앞에서 일곱 길
로 도망할 것이며 네가 또 땅의 모든
나라 중에 흩어지고
26 네 시체가 공중의 모든 새와 땅의 짐
승들의 밥이 될 것이나 그것들을 쫓
아줄 자가 없을 것이며
27 여호와께서 애굽의 종기와 치질과 괴
혈병과 피부병으로 너를 치시리니 네
가 치유 받지 못할 것이며
28 여호와께서 또 너를 미치는 것과 눈
머는 것과 정신병으로 치시리니
29 맹인이 어두운 데에서 더듬는 것과

21】

22】

23】

24】

25】

26】

27】

28】

29】

같이 네가 백주에도 더듬고 네 길이
형통하지 못하여 항상 압제와 노략을
당할 뿐이리니 너를 구원할 자가 없
을 것이며
30 네가 여자와 약혼하였으나 다른 사람
이 그 여자와 같이 동침할 것이요 집
을 건축하였으나 거기에 거주하지 못
할 것이요 포도원을 심었으나 네가
그 열매를 따지 못할 것이며
31 네 소를 네 목전에서 잡았으나 네가
먹지 못할 것이며 네 나귀를 네 목전
에서 빼앗겨도 도로 찾지 못할 것이
며 네 양을 원수에게 빼앗길 것이나
너를 도와 줄 자가 없을 것이며
32 네 자녀를 다른 민족에게 빼앗기고
종일 생각하고 찾음으로 눈이 피곤하
여지나 네 손에 힘이 없을 것이며
33 네 토지 소산과 네 수고로 얻은 것을
네가 알지 못하는 민족이 먹겠고 너는
항상 압제와 학대를 받을 뿐이리니
34 이러므로 네 눈에 보이는 일로 말미
암아 네가 미치리라
35 여호와께서 네 무릎과 다리를 쳐서
고치지 못할 심한 종기를 생기게 하
여 발바닥에서부터 정수리까지 이르
게 하시리라
36 ○ 여호와께서 너와 네가 세울 네 임

30】

31】

32】

33】

34】

35】

36】

금을 너와 네 조상들이 알지 못하던
나라로 끌어 가시리니 네가 거기서
목석으로 만든 다른 신들을 섬길 것
이며
37 여호와께서 너를 끌어 가시는 모든
민족 중에서 네가 놀람과 속담과 비
방거리가 될 것이라
38 네가 많은 종자를 들에 뿌릴지라도
메뚜기가 먹으므로 거둘 것이 적을
것이며
39 네가 포도원을 심고 가꿀지라도 벌레
가 먹으므로 포도를 따지 못하고 포
도주를 마시지 못할 것이며
40 네 모든 경내에 감람나무가 있을지라
도 그 열매가 떨어지므로 그 기름을
네 몸에 바르지 못할 것이며
41 네가 자녀를 낳을지라도 그들이 포로
가 되므로 너와 함께 있지 못할 것이며
42 네 모든 나무와 토지 소산은 메뚜기
가 먹을 것이며
43 너의 중에 우거하는 이방인은 점점
높아져서 네 위에 뛰어나고 너는 점
점 낮아질 것이며
44 그는 네게 꾸어줄지라도 너는 그에게
꾸어주지 못하리니 그는 머리가 되고
너는 꼬리가 될 것이라
45 네가 네 하나님 여호와의 말씀을 청

37】

38】

39】

40】

41】

42】

43】

44】

45】

종하지 아니하고 네게 명령하신 그의
명령과 규례를 지키지 아니하므로 이
모든 저주가 네게 와서 너를 따르고
네게 이르러 마침내 너를 멸하리니
46 이 모든 저주가 너와 네 자손에게 영
원히 있어서 표징과 훈계가 되리라
47 ○ 네가 모든 것이 풍족하여도 기쁨
과 즐거운 마음으로 네 하나님 여호
와를 섬기지 아니함으로 말미암아
48 네가 주리고 목마르고 헐벗고 모든
것이 부족한 중에서 여호와께서 보내
사 너를 치게 하실 적군을 섬기게 될
것이니 그가 철 멍에를 네 목에 메워
마침내 너를 멸할 것이라
49 곧 여호와께서 멀리 땅 끝에서 한 민
족을 독수리가 날아오는 것 같이 너
를 치러 오게 하시리니 이는 네가 그
언어를 알지 못하는 민족이요
50 그 용모가 흉악한 민족이라 노인을
보살피지 아니하며 유아를 불쌍히 여
기지 아니하며
51 네 가축의 새끼와 네 토지의 소산을
먹어 마침내 너를 멸망시키며 또 곡
식이나 포도주나 기름이나 소의 새끼
나 양의 새끼를 너를 위하여 남기지
아니하고 마침내 너를 멸절시키리라
52 그들이 전국에서 네 모든 성읍을 에

46】

47】

48】

49】

50】

51】

52】

워싸고 네가 의뢰하는 높고 견고한
성벽을 다 헐며 네 하나님 여호와께
서 네게 주시는 땅의 모든 성읍에서
너를 에워싸리니
53 네가 적군에게 에워싸이고 맹렬한 공
격을 받아 곤란을 당하므로 네 하나
님 여호와께서 네게 주신 자녀 곧 네
몸의 소생의 살을 먹을 것이라
54 너희 중에 온유하고 연약한 남자까지
도 그의 형제와 그의 품의 아내와 그의
남은 자녀를 미운 눈으로 바라보며
55 자기가 먹는 그 자녀의 살을 그 중 누
구에게든지 주지 아니하리니 이는 네
적군이 네 모든 성읍을 에워싸고 맹
렬히 너를 쳐서 곤란하게 하므로 아
무것도 그에게 남음이 없는 까닭일
것이며
56 또 너희 중에 온유하고 연약한 부녀
곧 온유하고 연약하여 자기 발바닥으
로 땅을 밟아 보지도 아니하던 자라
도 자기 품의 남편과 자기 자녀를 미
운 눈으로 바라보며
57 자기 다리 사이에서 나온 태와 자기
가 낳은 어린 자식을 남몰래 먹으리
니 이는 네 적군이 네 생명을 에워싸
고 맹렬히 쳐서 곤란하게 하므로 아
무것도 얻지 못함이리라

53】

54】

55】

56】

57】

58 ○ 네가 만일 이 책에 기록한 이 율법
의 모든 말씀을 지켜 행하지 아니하고
네 하나님 여호와라 하는 영화롭고 두
려운 이름을 경외하지 아니하면
59 여호와께서 네 재앙과 네 자손의 재
앙을 극렬하게 하시리니 그 재앙이
크고 오래고 그 질병이 중하고 오랠
것이라
60 여호와께서 네가 두려워하던 애굽의
모든 질병을 네게로 가져다가 네 몸
에 들어붙게 하실 것이며
61 또 이 율법책에 기록하지 아니한 모든
질병과 모든 재앙을 네가 멸망하기까
지 여호와께서 네게 내리실 것이니
62 너희가 하늘의 별 같이 많을지라도
네 하나님 여호와의 말씀을 청종하지
아니하므로 남는 자가 얼마 되지 못
할 것이라
63 여호와께서 너희에게 선을 행하시고
너희를 번성하게 하시기를 기뻐하시
던 것 같이 이제는 여호와께서 너희
를 망하게 하시며 멸하시기를 기뻐하
시리니 너희가 들어가 차지할 땅에서
뽑힐 것이요
64 여호와께서 너를 땅 이 끝에서 저 끝
까지 만민 중에 흩으시리니 네가 그
곳에서 너와 네 조상들이 알지 못하

58】

59】

60】

61】

62】

63】

64】

던 목석 우상을 섬길 것이라
65 그 여러 민족 중에서 네가 평안함을
얻지 못하며 네 발바닥이 쉴 곳도 얻
지 못하고 여호와께서 거기에서 네
마음을 떨게 하고 눈을 쇠하게 하고
정신을 산란하게 하시리니
66 네 생명이 위험에 처하고 주야로 두
려워하며 네 생명을 확신할 수 없을
것이라
67 네 마음의 두려움과 눈이 보는 것으
로 말미암아 아침에는 이르기를 아하
저녁이 되었으면 좋겠다 할 것이요
저녁에는 이르기를 아하 아침이 되었
으면 좋겠다 하리라
68 여호와께서 너를 배에 싣고 전에 네
게 말씀하여 이르시기를 네가 다시는
그 길을 보지 아니하리라 하시던 그
길로 너를 애굽으로 끌어 가실 것이
라 거기서 너희가 너희 몸을 적군에
게 남녀 종으로 팔려 하나 너희를 살
자가 없으리라

65】

66】

67】

68】

모압 땅에서 세우신 언약

29 1 호렙에서 이스라엘 자손과 세우신
언약 외에 여호와께서 모세에게 명
령하여 모압 땅에서 그들과 세우신
언약의 말씀은 이러하니라

1】

2 ○ 모세가 온 이스라엘을 소집하고
그들에게 이르되 여호와께서 애굽 땅
에서 너희의 목전에 바로와 그의 모
든 신하와 그의 온 땅에 행하신 모든
일을 너희가 보았나니
3 곧 그 큰 시험과 이적과 큰 기사를 네
눈으로 보았느니라
4 그러나 깨닫는 마음과 보는 눈과 듣
는 귀는 오늘 여호와께서 너희에게
주지 아니하셨느니라
5 주께서 사십 년 동안 너희를 광야에
서 인도하게 하셨거니와 너희 몸의
옷이 낡아지지 아니하였고 너희 발의
신이 해어지지 아니하였으며
6 너희에게 떡도 먹지 못하며 포도주나
독주를 마시지 못하게 하셨음은 주는
너희의 하나님 여호와이신 줄을 알게
하려 하심이니라
7 너희가 이 곳에 올 때에 헤스본 왕 시
혼과 바산 왕 옥이 우리와 싸우러 나
왔으므로 우리가 그들을 치고
8 그 땅을 차지하여 르우벤과 갓과 므낫
세 반 지파에게 기업으로 주었나니
9 그런즉 너희는 이 언약의 말씀을 지
켜 행하라 그리하면 너희가 하는 모
든 일이 형통하리라
10 ○ 오늘 너희 곧 너희의 수령과 너희

2】

3】

4】

5】

6】

7】

8】

9】

10】

의 지파와 너희의 장로들과 너희의
지도자와 이스라엘 모든 남자와
11 너희의 유아들과 너희의 아내와 및
네 진중에 있는 객과 너를 위하여 나
무를 패는 자로부터 물 긷는 자까지
다 너희의 하나님 여호와 앞에 서 있
는 것은
12 네 하나님 여호와의 언약에 참여하며
또 네 하나님 여호와께서 오늘 네게
하시는 맹세에 참여하여
13 여호와께서 네게 말씀하신 대로 또
네 조상 아브라함과 이삭과 야곱에게
맹세하신 대로 오늘 너를 세워 자기
백성을 삼으시고 그는 친히 네 하나
님이 되시려 함이니라
14 ○ 내가 이 언약과 맹세를 너희에게
만 세우는 것이 아니라
15 오늘 우리 하나님 여호와 앞에서 우
리와 함께 여기 서 있는 자와 오늘 우
리와 함께 여기 있지 아니한 자에게
까지이니
16 (우리가 애굽 땅에서 살았던 것과 너
희가 여러 나라를 통과한 것을 너희
가 알며
17 너희가 또 그들 중에 있는 가증한 것과
목석과 은금의 우상을 보았느니라)
18 너희 중에 남자나 여자나 가족이나

11】

12】

13】

14】

15】

16】

17】

18】

지파나 오늘 그 마음이 우리 하나님
여호와를 떠나서 그 모든 민족의 신
들에게 가서 섬길까 염려하며 독초와
쑥의 뿌리가 너희 중에 생겨서
19 이 저주의 말을 듣고도 심중에 스스
로 복을 빌어 이르기를 내가 내 마음
이 완악하여 젖은 것과 마른 것이 멸
망할지라도 내게는 평안이 있으리라
할까 함이라
20 여호와는 이런 자를 사하지 않으실
뿐 아니라 그 위에 여호와의 분노와
질투의 불을 부으시며 또 이 책에 기
록된 모든 저주를 그에게 더하실 것
이라 여호와께서 그의 이름을 천하에
서 지워버리시되
21 여호와께서 곧 이스라엘 모든 지파
중에서 그를 구별하시고 이 율법책에
기록된 모든 언약의 저주대로 그에게
화를 더하시리라
22 ○ 너희 뒤에 일어나는 너희의 자손
과 멀리서 오는 객이 그 땅의 재앙과
여호와께서 그 땅에 유행시키시는 질
병을 보며
23 그 온 땅이 유황이 되며 소금이 되며
또 불에 타서 심지도 못하며 결실함
도 없으며 거기에는 아무 풀도 나지
아니함이 옛적에 여호와께서 진노와

19】

20】

21】

22】

23】

격분으로 멸하신 소돔과 고모라와 아
드마와 스보임의 무너짐과 같음을 보
고 물을 것이요
24 여러 나라 사람들도 묻기를 여호와께
서 어찌하여 이 땅에 이같이 행하셨
느냐 이같이 크고 맹렬하게 노하심은
무슨 뜻이냐 하면
25 그 때에 사람들이 대답하기를 그 무리
가 자기 조상의 하나님 여호와께서 그
들의 조상을 애굽에서 인도하여 내실
때에 더불어 세우신 언약을 버리고
26 가서 자기들이 알지도 못하고 여호와
께서 그들에게 주시지도 아니한 다른
신들을 따라가서 그들을 섬기고 절한
까닭이라
27 이러므로 여호와께서 이 땅에 진노하
사 이 책에 기록된 모든 저주대로 재
앙을 내리시고
28 여호와께서 또 진노와 격분과 크게
통한하심으로 그들을 이 땅에서 뽑아
내사 다른 나라에 내던지심이 오늘과
같다 하리라
29 감추어진 일은 우리 하나님 여호와께
속하였거니와 나타난 일은 영원히 우
리와 우리 자손에게 속하였나니 이는
우리에게 이 율법의 모든 말씀을 행
하게 하심이니라

24】

25】

26】

27】

28】

29】

복 받는 길

30

1 내가 네게 진술한 모든 복과 저주
가 네게 임하므로 네가 네 하나님
여호와로부터 쫓겨간 모든 나라 가
운데서 이 일이 마음에서 기억이 나
거든
2 너와 네 자손이 네 하나님 여호와께
로 돌아와 내가 오늘 네게 명령한 것
을 온전히 따라 마음을 다하고 뜻을
다하여 여호와의 말씀을 청종하면
3 네 하나님 여호와께서 마음을 돌이
키시고 너를 긍휼히 여기사 포로에서
돌아오게 하시되 네 하나님 여호와께
서 흩으신 그 모든 백성 중에서 너를
모으시리니
4 네 쫓겨간 자들이 하늘 가에 있을지
라도 네 하나님 여호와께서 거기서
너를 모으실 것이며 거기서부터 너를
이끄실 것이라
5 네 하나님 여호와께서 너를 네 조상
들이 차지한 땅으로 돌아오게 하사
네게 다시 그것을 차지하게 하실 것
이며 여호와께서 또 네게 선을 행하
사 너를 네 조상들보다 더 번성하게
하실 것이며
6 네 하나님 여호와께서 네 마음과 네
자손의 마음에 할례를 베푸사 너로

1】

2】

3】

4】

5】

6】

마음을 다하며 뜻을 다하여 네 하나
님 여호와를 사랑하게 하사 너로 생
명을 얻게 하실 것이며
7 네 하나님 여호와께서 네 적군과 너
를 미워하고 핍박하던 자에게 이 모
든 저주를 내리게 하시리니
8 너는 돌아와 다시 여호와의 말씀을
청종하고 내가 오늘 네게 명령하는
그 모든 명령을 행할 것이라
9-10 네가 네 하나님 여호와의 말씀을
청종하여 이 율법책에 기록된 그의
명령과 규례를 지키고 네 마음을 다
하며 뜻을 다하여 여호와 네 하나님
께 돌아오면 네 하나님 여호와께서
네 손으로 하는 모든 일과 네 몸의 소
생과 네 가축의 새끼와 네 토지 소산
을 많게 하시고 네게 복을 주시되 곧
여호와께서 네 조상들을 기뻐하신 것
과 같이 너를 다시 기뻐하사 네게 복
을 주시리라
11 ○ 내가 오늘 네게 명령한 이 명령
은 네게 어려운 것도 아니요 먼 것
도 아니라
12 하늘에 있는 것이 아니니 네가 이르
기를 누가 우리를 위하여 하늘에 올
라가 그의 명령을 우리에게로 가지고
와서 우리에게 들려 행하게 하랴 할

7】

8】

9】-10】

11】

12】

것이 아니요

13 이것이 바다 밖에 있는 것이 아니니
네가 이르기를 누가 우리를 위하여
바다를 건너가서 그의 명령을 우리에
게로 가지고 와서 우리에게 들려 행
하게 하랴 할 것도 아니라

14 오직 그 말씀이 네게 매우 가까워서
네 입에 있으며 네 마음에 있은즉 네
가 이를 행할 수 있느니라

15 ○ 보라 내가 오늘 생명과 복과 사망
과 화를 네 앞에 두었나니

16 곧 내가 오늘 네게 명령하여 네 하나
님 여호와를 사랑하고 그 모든 길로
행하며 그의 명령과 규례와 법도를
지키라 하는 것이라 그리하면 네가
생존하며 번성할 것이요 또 네 하나
님 여호와께서 네가 가서 차지할 땅
에서 네게 복을 주실 것임이니라

17 그러나 네가 만일 마음을 돌이켜 듣
지 아니하고 유혹을 받아 다른 신들
에게 절하고 그를 섬기면

18 내가 오늘 너희에게 선언하노니 너희
가 반드시 망할 것이라 너희가 요단
을 건너가서 차지할 땅에서 너희의
날이 길지 못할 것이니라

19 내가 오늘 하늘과 땅을 불러 너희에
게 증거를 삼노라 내가 생명과 사망

13】

14】

15】

16】

17】

18】

19】

과 복과 저주를 네 앞에 두었은즉 너
와 네 자손이 살기 위하여 생명을 택
하고
20 네 하나님 여호와를 사랑하고 그의
말씀을 청종하며 또 그를 의지하라
그는 네 생명이시요 네 장수이시니
여호와께서 네 조상 아브라함과 이삭
과 야곱에게 주리라고 맹세하신 땅에
네가 거주하리라

20】

여호수아가 모세의 뒤를 잇다

31 1 또 모세가 가서 온 이스라엘에게
이 말씀을 전하여
2 그들에게 이르되 이제 내 나이 백이
십 세라 내가 더 이상 출입하지 못하
겠고 여호와께서도 내게 이르시기를
너는 이 요단을 건너지 못하리라 하
셨느니라
3 여호와께서 이미 말씀하신 것과 같이
네 하나님 여호와께서 너보다 먼저 건
너가사 이 민족들을 네 앞에서 멸하시
고 네가 그 땅을 차지하게 할 것이며
여호수아는 네 앞에서 건너갈지라
4 또한 여호와께서 이미 멸하신 아모리
왕 시혼과 옥과 및 그 땅에 행하신 것
과 같이 그들에게도 행하실 것이라
5 또한 여호와께서 그들을 너희 앞에 넘

1】

2】

3】

4】

5】

기시리니 너희는 내가 너희에게 명한
모든 명령대로 그들에게 행할 것이라
6 너희는 강하고 담대하라 두려워하지
말라 그들 앞에서 떨지 말라 이는 네
하나님 여호와 그가 너와 함께 가시며
결코 너를 떠나지 아니하시며 버리지
아니하실 것임이라 하고
7 모세가 여호수아를 불러 온 이스라엘
의 목전에서 그에게 이르되 너는 강하
고 담대하라 너는 이 백성을 거느리고
여호와께서 그들의 조상에게 주리라
고 맹세하신 땅에 들어가서 그들에게
그 땅을 차지하게 하라
8 그리하면 여호와 그가 네 앞에서 가시
며 너와 함께 하사 너를 떠나지 아니
하시며 버리지 아니하시리니 너는 두
려워하지 말라 놀라지 말라

일곱 해마다 율법을 낭독하여 주라

9 ○ 또 모세가 이 율법을 써서 여호와
의 언약궤를 메는 레위 자손 제사장들
과 이스라엘 모든 장로에게 주고
10 모세가 그들에게 명령하여 이르기를
매 칠 년 끝 해 곧 면제년의 초막절에
11 온 이스라엘이 네 하나님 여호와 앞
그가 택하신 곳에 모일 때에 이 율법
을 낭독하여 온 이스라엘에게 듣게 할
지니

6】

7】

8】

9】

10】

11】

12 곧 백성의 남녀와 어린이와 네 성읍
안에 거류하는 타국인을 모으고 그들
에게 듣고 배우고 네 하나님 여호와를
경외하며 이 율법의 모든 말씀을 지켜
행하게 하고
13 또 너희가 요단을 건너가서 차지할
땅에 거주할 동안에 이 말씀을 알지
못하는 그들의 자녀에게 듣고 네 하
나님 여호와 경외하기를 배우게 할지
니라

여호와께서 모세에게 하신 마지막 지시

14 ○ 여호와께서 모세에게 이르시되 네
가 죽을 기한이 가까웠으니 여호수아
를 불러서 함께 회막으로 나아오라 내
가 그에게 명령을 내리리라 모세와 여
호수아가 나아가서 회막에 서니
15 여호와께서 구름 기둥 가운데에서 장
막에 나타나시고 구름 기둥은 장막 문
위에 머물러 있더라
16 또 여호와께서 모세에게 이르시되 너
는 네 조상과 함께 누우려니와 이 백
성은 그 땅으로 들어가 음란히 그 땅
의 이방 신들을 따르며 일어날 것이요
나를 버리고 내가 그들과 맺은 언약을
어길 것이라
17 내가 그들에게 진노하여 그들을 버리
며 내 얼굴을 숨겨 그들에게 보이지

12】

13】

14】

15】

16】

17】

않게 할 것인즉 그들이 삼킴을 당하
여 허다한 재앙과 환난이 그들에게 임
할 그 때에 그들이 말하기를 이 재앙
이 우리에게 내림은 우리 하나님이 우
리 가운데에 계시지 않은 까닭이 아니
냐 할 것이라
18 또 그들이 돌이켜 다른 신들을 따르는
모든 악행으로 말미암아 내가 그 때에
반드시 내 얼굴을 숨기리라
19 그러므로 이제 너희는 이 노래를 써
서 이스라엘 자손들에게 가르쳐 그들
의 입으로 부르게 하여 이 노래로 나
를 위하여 이스라엘 자손들에게 증거
가 되게 하라
20 내가 그들의 조상들에게 맹세한 바 젖
과 꿀이 흐르는 땅으로 그들을 인도하
여 들인 후에 그들이 먹어 배부르고
살찌면 돌이켜 다른 신들을 섬기며 나
를 멸시하여 내 언약을 어기리니
21 그들이 수많은 재앙과 환난을 당할 때
에 그들의 자손이 부르기를 잊지 아니
한 이 노래가 그들 앞에 증인처럼 되
리라 나는 내가 맹세한 땅으로 그들을
인도하여 들이기 전 오늘 나는 그들이
생각하는 바를 아노라
22 그러므로 모세가 그 날 이 노래를 써
서 이스라엘 자손들에게 가르쳤더라

18】

19】

20】

21】

22】

23 여호와께서 또 눈의 아들 여호수아에
게 명령하여 이르시되 너는 이스라엘
자손들을 인도하여 내가 그들에게 맹
세한 땅으로 들어가게 하리니 강하고
담대하라 내가 너와 함께 하리라 하
시니라

24 ○ 모세가 이 율법의 말씀을 다 책에
써서 마친 후에

25 모세가 여호와의 언약궤를 메는 레위
사람에게 명령하여 이르되

26 이 율법책을 가져다가 너희 하나님 여
호와의 언약궤 곁에 두어 너희에게 증
거가 되게 하라

27 내가 너희의 반역함과 목이 곧은 것을
아나니 오늘 내가 살아서 너희와 함께
있어도 너희가 여호와를 거역하였거
든 하물며 내가 죽은 후의 일이랴

28 너희 지파 모든 장로와 관리들을 내
앞에 모으라 내가 이 말씀을 그들의
귀에 들려주고 그들에게 하늘과 땅을
증거로 삼으리라

29 내가 알거니와 내가 죽은 후에 너희
가 스스로 부패하여 내가 너희에게 명
령한 길을 떠나 여호와의 목전에 악을
행하여 너희의 손으로 하는 일로 그를
격노하게 하므로 너희가 후일에 재앙
을 당하리라 하니라

23】

24】

25】

26】

27】

28】

29】

모세의 노래

30 ○ 그리고 모세가 이스라엘 총회에 이
노래의 말씀을 끝까지 읽어 들리니라

32
1 하늘이여 귀를 기울이라 내가 말
하리라 땅은 내 입의 말을 들을지
어다
2 내 교훈은 비처럼 내리고 내 말은 이
슬처럼 맺히나니 연한 풀 위의 가는
비 같고 채소 위의 단비 같도다
3 내가 여호와의 이름을 전파하리니 너
희는 우리 하나님께 위엄을 돌릴지
어다
4 그는 반석이시니 그가 하신 일이 완
전하고 그의 모든 길이 정의롭고 진
실하고 거짓이 없으신 하나님이시니
공의로우시고 바르시도다
5 그들이 여호와를 향하여 악을 행하니
하나님의 자녀가 아니요 흠이 있고
삐뚤어진 세대로다
6 어리석고 지혜 없는 백성아 여호와께
이같이 보답하느냐 그는 네 아버지시
요 너를 지으신 이가 아니시냐 그가
너를 만드시고 너를 세우셨도다
7 옛날을 기억하라 역대의 연대를 생각
하라 네 아버지에게 물으라 그가 네
게 설명할 것이요 네 어른들에게 물

30】

1】

2】

3】

4】

5】

6】

7】

으라 그들이 네게 말하리로다
8 지극히 높으신 자가 민족들에게 기업
을 주실 때에, 인종을 나누실 때에 이
스라엘 자손의 수효대로 백성들의 경
계를 정하셨도다
9 여호와의 분깃은 자기 백성이라 야곱
은 그가 택하신 기업이로다
10 여호와께서 그를 황무지에서, 짐승이
부르짖는 광야에서 만나시고 호위하
시며 보호하시며 자기의 눈동자 같이
지키셨도다
11 마치 독수리가 자기의 보금자리를 어
지럽게 하며 자기의 새끼 위에 너풀
거리며 그의 날개를 펴서 새끼를 받
으며 그의 날개 위에 그것을 업는 것
같이
12 여호와께서 홀로 그를 인도하셨고 그
와 함께 한 다른 신이 없었도다
13 여호와께서 그가 땅의 높은 곳을 타
고 다니게 하시며 밭의 소산을 먹게
하시며 반석에서 꿀을, 굳은 반석에
서 기름을 빨게 하시며
14 소의 엉긴 젖과 양의 젖과 어린 양의
기름과 바산에서 난 숫양과 염소와 지
극히 아름다운 밀을 먹이시며 또 포도
즙의 붉은 술을 마시게 하셨도다
15 그런데 여수룬이 기름지매 발로 찼

8】

9】

10】

11】

12】

13】

14】

15】

도다 네가 살찌고 비대하고 윤택하매
자기를 지으신 하나님을 버리고 자기
를 구원하신 반석을 업신여겼도다
16 그들이 다른 신으로 그의 질투를 일
으키며 가증한 것으로 그의 진노를
격발하였도다
17 그들은 하나님께 제사하지 아니하고
귀신들에게 하였으니 곧 그들이 알지
못하던 신들, 근래에 들어온 새로운
신들 너희의 조상들이 두려워하지 아
니하던 것들이로다
18 너를 낳은 반석을 네가 상관하지 아
니하고 너를 내신 하나님을 네가 잊
었도다
19 그러므로 여호와께서 보시고 미워하
셨으니 그 자녀가 그를 격노하게 한
까닭이로다
20 그가 말씀하시기를 내가 내 얼굴을
그들에게서 숨겨 그들의 종말이 어떠
함을 보리니 그들은 심히 패역한 세
대요 진실이 없는 자녀임이로다
21 그들이 하나님이 아닌 것으로 내 질
투를 일으키며 허무한 것으로 내 진
노를 일으켰으니 나도 백성이 아닌
자로 그들에게 시기가 나게 하며 어
리석은 민족으로 그들의 분노를 일으
키리로다

16】

17】

18】

19】

20】

21】

22 그러므로 내 분노의 불이 일어나서 스올의 깊은 곳까지 불사르며 땅과 그 소산을 삼키며 산들의 터도 불타게 하는도다

23 내가 재앙을 그들 위에 쌓으며 내 화살이 다할 때까지 그들을 쏘리로다

24 그들이 주리므로 쇠약하며 불 같은 더위와 독한 질병에 삼켜질 것이라 내가 들짐승의 이와 티끌에 기는 것의 독을 그들에게 보내리로다

25 밖으로는 칼에, 방 안에서는 놀람에 멸망하리니 젊은 남자도 처녀도 백발 노인과 함께 젖 먹는 아이까지 그러하리로다

26 내가 그들을 흩어서 사람들 사이에서 그들에 대한 기억이 끊어지게 하리라 하였으나

27 혹시 내가 원수를 자극하여 그들의 원수가 잘못 생각할까 걱정하였으니 원수들이 말하기를 우리의 수단이 높으며 여호와가 이 모든 것을 행함이 아니라 할까 염려함이라

28 그들은 모략이 없는 민족이라 그들 중에 분별력이 없도다

29 만일 그들이 지혜가 있어 이것을 깨달았으면 자기들의 종말을 분별하였으리라

22】

23】

24】

25】

26】

27】

28】

29】

30 그들의 반석이 그들을 팔지 아니하였 30】
고 여호와께서 그들을 내주지 아니하
셨더라면 어찌 하나가 천을 쫓으며
둘이 만을 도망하게 하였으리요
31 진실로 그들의 반석이 우리의 반석과 31】
같지 아니하니 우리의 원수들이 스스
로 판단하도다
32 이는 그들의 포도나무는 소돔의 포도 32】
나무요 고모라의 밭의 소산이라 그들
의 포도는 독이 든 포도이니 그 송이
는 쓰며
33 그들의 포도주는 뱀의 독이요 독사의 33】
맹독이라
34 이것이 내게 쌓여 있고 내 곳간에 봉 34】
하여 있지 아니한가
35 그들이 실족할 그 때에 내가 보복하 35】
리라 그들의 환난날이 가까우니 그들
에게 닥칠 그 일이 속히 오리로다
36 참으로 여호와께서 자기 백성을 판단 36】
하시고 그 종들을 불쌍히 여기시리니
곧 그들의 무력함과 갇힌 자나 놓인
자가 없음을 보시는 때에로다
37 또한 그가 말씀하시기를 그들의 신들 37】
이 어디 있으며 그들이 피하던 반석
이 어디 있느냐
38 그들의 제물의 기름을 먹고 그들의 38】
전제의 제물인 포도주를 마시던 자들

이 일어나 너희를 돕게 하고 너희를
위해 피난처가 되게 하라
39 이제는 나 곧 내가 그인 줄 알라 나 외 39】
에는 신이 없도다 나는 죽이기도 하
며 살리기도 하며 상하게도 하며 낫
게도 하나니 내 손에서 능히 빼앗을
자가 없도다
40 이는 내가 하늘을 향하여 내 손을 들 40】
고 말하기를 내가 영원히 살리라 하
였노라
41 내가 내 번쩍이는 칼을 갈며 내 손이 41】
정의를 붙들고 내 대적들에게 복수하
며 나를 미워하는 자들에게 보응할
것이라
42 내 화살이 피에 취하게 하고 내 칼이 42】
그 고기를 삼키게 하리니 곧 피살자
와 포로된 자의 피요 대적의 우두머
리의 머리로다
43 너희 민족들아 주의 백성과 즐거워하 43】
라 주께서 그 종들의 피를 갚으사 그
대적들에게 복수하시고 자기 땅과 자
기 백성을 위하여 속죄하시리로다
44 모세와 눈의 아들 호세아가 와서 이 44】
노래의 모든 말씀을 백성에게 말하여
들리니라
45 모세가 이 모든 말씀을 온 이스라엘 45】
에게 말하기를 마치고

46 그들에게 이르되 내가 오늘 너희에
게 증언한 모든 말을 너희의 마음
에 두고 너희의 자녀에게 명령하여
이 율법의 모든 말씀을 지켜 행하
게 하라

47 이는 너희에게 헛된 일이 아니라 너
희의 생명이니 이 일로 말미암아 너
희가 요단을 건너가 차지할 그 땅에
서 너희의 날이 장구하리라

48 ○ 바로 그 날에 여호와께서 모세에
게 말씀하여 이르시되

49 너는 여리고 맞은편 모압 땅에 있는
아바림 산에 올라가 느보 산에 이르
러 내가 이스라엘 자손에게 기업으로
주는 가나안 땅을 바라보라

50 네 형 아론이 호르 산에서 죽어 그의
조상에게로 돌아간 것 같이 너도 올
라가는 이 산에서 죽어 네 조상에게
로 돌아가리니

51 이는 너희가 신 광야 가데스의 므리
바 물 가에서 이스라엘 자손 중 내게
범죄하여 내 거룩함을 이스라엘 자손
중에서 나타내지 아니한 까닭이라

52 네가 비록 내가 이스라엘 자손에게
주는 땅을 맞은편에서 바라보기는 하
려니와 그리로 들어가지는 못하리라
하시니라

46】

47】

48】

49】

50】

51】

52】

모세의 축복

33 1 하나님의 사람 모세가 죽기 전에
이스라엘 자손을 위하여 축복함이
이러하니라
2 그가 일렀으되 여호와께서 시내 산
에서 오시고 세일 산에서 일어나시고
바란 산에서 비추시고 일만 성도 가
운데에 강림하셨고 그의 오른손에는
그들을 위해 번쩍이는 불이 있도다
3 여호와께서 백성을 사랑하시나니 모
든 성도가 그의 수중에 있으며 주의
발 아래에 앉아서 주의 말씀을 받는
도다
4 모세가 우리에게 율법을 명령하였으
니 곧 야곱의 총회의 기업이로다
5 여수룬에 왕이 있었으니 곧 백성의
수령이 모이고 이스라엘 모든 지파가
함께 한 때에로다
6 르우벤은 죽지 아니하고 살기를 원하
며 그 사람 수가 적지 아니하기를 원
하나이다
7 유다에 대한 축복은 이러하니라 일렀
으되 여호와여 유다의 음성을 들으시
고 그의 백성에게로 인도하시오며 그
의 손으로 자기를 위하여 싸우게 하
시고 주께서 도우사 그가 그 대적을
치게 하시기를 원하나이다

1】

2】

3】

4】

5】

6】

7】

년 월 일

8 레위에 대하여는 일렀으되 주의 둠밈
과 우림이 주의 경건한 자에게 있도
다 주께서 그를 맛사에서 시험하시고
므리바 물 가에서 그와 다투셨도다
9 그는 그의 부모에게 대하여 이르기를
내가 그들을 보지 못하였다 하며 그
의 형제들을 인정하지 아니하며 그
의 자녀를 알지 아니한 것은 주의 말
씀을 준행하고 주의 언약을 지킴으로
말미암음이로다
10 주의 법도를 야곱에게, 주의 율법을
이스라엘에게 가르치며 주 앞에 분향
하고 온전한 번제를 주의 제단 위에
드리리로다
11 여호와여 그의 재산을 풍족하게 하시
고 그의 손의 일을 받으소서 그를 대
적하여 일어나는 자와 미워하는 자의
허리를 꺾으사 다시 일어나지 못하게
하옵소서
12 베냐민에 대하여는 일렀으되 여호와
의 사랑을 입은 자는 그 곁에 안전히
살리로다 여호와께서 그를 날이 마치
도록 보호하시고 그를 자기 어깨 사
이에 있게 하시리로다
13 요셉에 대하여는 일렀으되 원하건대
그 땅이 여호와께 복을 받아 하늘의 보
물인 이슬과 땅 아래에 저장한 물과

8】

9】

10】

11】

12】

13】

14 태양이 결실하게 하는 선물과 태음이
자라게 하는 선물과
15 옛 산의 좋은 산물과 영원한 작은 언
덕의 선물과
16 땅의 선물과 거기 충만한 것과 가시
떨기나무 가운데에 계시던 이의 은혜
로 말미암아 복이 요셉의 머리에, 그
의 형제 중 구별한 자의 정수리에 임
할지로다
17 그는 첫 수송아지 같이 위엄이 있으
니 그 뿔이 들소의 뿔 같도다 이것으
로 민족들을 받아 땅 끝까지 이르리
니 곧 에브라임의 자손은 만만이요
므낫세의 자손은 천천이리로다
18 스불론에 대하여는 일렀으되 스불론
이여 너는 밖으로 나감을 기뻐하라
잇사갈이여 너는 장막에 있음을 즐거
워하라
19 그들이 백성들을 불러 산에 이르게
하고 거기에서 의로운 제사를 드릴
것이며 바다의 풍부한 것과 모래에
감추어진 보배를 흡수하리로다
20 갓에 대하여는 일렀으되 갓을 광대하
게 하시는 이에게 찬송을 부를지어다
갓이 암사자 같이 엎드리고 팔과 정
수리를 찢는도다
21 그가 자기를 위하여 먼저 기업을 택

14】

15】

16】

17】

18】

19】

20】

21】

하였으니 곧 입법자의 분깃으로 준비
된 것이로다 그가 백성의 수령들과
함께 와서 여호와의 공의와 이스라엘
과 세우신 법도를 행하도다
22 단에 대하여는 일렀으되 단은 바산에
서 뛰어나오는 사자의 새끼로다
23 납달리에 대하여는 일렀으되 은혜가
풍성하고 여호와의 복이 가득한 납
달리여 너는 서쪽과 남쪽을 차지할
지로다
24 아셀에 대하여는 일렀으되 아셀은 아
들들 중에 더 복을 받으며 그의 형제
에게 기쁨이 되며 그의 발이 기름에
잠길지로다
25 네 문빗장은 철과 놋이 될 것이니 네
가 사는 날을 따라서 능력이 있으리
로다
26 여수룬이여 하나님 같은 이가 없도다
그가 너를 도우시려고 하늘을 타고
궁창에서 위엄을 나타내시는도다
27 영원하신 하나님이 네 처소가 되시니
그의 영원하신 팔이 네 아래에 있도
다 그가 네 앞에서 대적을 쫓으시며
멸하라 하시도다
28 이스라엘이 안전히 거하며 야곱의 샘
은 곡식과 새 포도주의 땅에 홀로 있
나니 곧 그의 하늘이 이슬을 내리는

22】
23】
24】
25】
26】
27】
28】

곳에로다
29 이스라엘이여 너는 행복한 사람이로
다 여호와의 구원을 너 같이 얻은 백
성이 누구냐 그는 너를 돕는 방패시
요 네 영광의 칼이시로다 네 대적이
네게 복종하리니 네가 그들의 높은
곳을 밟으리로다

29】

모세의 죽음

34 1 모세가 모압 평지에서 느보 산에
올라가 여리고 맞은편 비스가 산꼭
대기에 이르매 여호와께서 길르앗 온
땅을 단까지 보이시고
2 또 온 납달리와 에브라임과 므낫세의
땅과 서해까지의 유다 온 땅과
3 네겝과 종려나무의 성읍 여리고 골짜
기 평지를 소알까지 보이시고
4 여호와께서 그에게 이르시되 이는 내
가 아브라함과 이삭과 야곱에게 맹세
하여 그의 후손에게 주리라 한 땅이라
내가 네 눈으로 보게 하였거니와 너는
그리로 건너가지 못하리라 하시매
5 이에 여호와의 종 모세가 여호와의 말
씀대로 모압 땅에서 죽어
6 벳브올 맞은편 모압 땅에 있는 골짜기
에 장사되었고 오늘까지 그의 묻힌 곳
을 아는 자가 없느니라

1】
2】
3】
4】
5】
6】

7 모세가 죽을 때 나이 백이십 세였으나
그의 눈이 흐리지 아니하였고 기력이
쇠하지 아니하였더라
8 이스라엘 자손이 모압 평지에서 모세
를 위하여 애곡하는 기간이 끝나도록
모세를 위하여 삼십 일을 애곡하니라
9 ○ 모세가 눈의 아들 여호수아에게 안
수하였으므로 그에게 지혜의 영이 충
만하니 이스라엘 자손이 여호와께서
모세에게 명령하신 대로 여호수아의
말을 순종하였더라
10 그 후에는 이스라엘에 모세와 같은 선
지자가 일어나지 못하였나니 모세는
여호와께서 대면하여 아시던 자요
11 여호와께서 그를 애굽 땅에 보내사 바
로와 그의 모든 신하와 그의 온 땅에
모든 이적과 기사와
12 모든 큰 권능과 위엄을 행하게 하시매
온 이스라엘의 목전에서 그것을 행한
자이더라

7】

8】

9】

10】

11】

12】

눈으로 읽고 마음으로 옮겨쓰는

신명기

초 판 1쇄 : 2026년 01월 16일

발 행 인 : 황경자

발 행 처 : 도서출판 두돌비

등록번호 : 2006. 8. 17 제 2006-12호

주　　소 : 서울시 중랑구 동일로 107길 12

전　　화 : (02) 964-6993 | 팩스 : (02) 2208-0153

E-mail : books153@hanmail.net

ISBN 978-89-85583-86-2

* 파본은 교환해 드립니다.